松原孝明・堀川信一 編

民法入門 I 民法総則

亀井隆太

萩原基裕

堀川信一

松原孝明

山口志保

尚学社

はしがき

　この教科書は，主に民法を学び始めた初学者をターゲットとして執筆されている。編者はこれまで民法を様々な大学で講義してきた経験から，民法の効果的な学習のためにはまず基本的な事項を一通り学び，民法という広大な世界の大枠，構造を一旦捉えた上で，より深く精緻な学習を進めるのがよいと考えている。そこで，本書では，【基本事項】と【発展問題】に内容項目をわけ，【基本事項】では初学者に必要最低限学んでほしい内容を解説し，判例や学説などの説明は基本的なものにとどめ，難易度の高い判例や学説の対立，展開などは，【発展問題】において説明している。また，読者の興味を惹きそうな応用的内容については【コラム】で解説をしている。初学者はまず，【基本事項】を読み，全体の内容を広く捉えたうえで，【発展問題】や，その他の重厚な教科書にトライしてほしい。法律学の学習は積上げ型ではあるが，最初から細かく，全部を覚えようとするのではなく，広く浅く最後まで通しで学ぶことを心掛けてほしい。

　2020年4月1日より新民法が施行される。本書では，新民法を前提として執筆し，読者の混乱を避けるために，旧民法との比較は内容の理解を助けるのに必要な範囲で解説を加えている。新旧民法の細かな比較については，様々な解説書が出版されているので，それを参照してほしい。

　本書は，同じ教育現場で法学，民法教育に試行錯誤したメンバーにより執筆されている。それぞれのメンバーは，本務校以外に様々な国立大学，私立大学，また法学部以外での学部での豊富な教育経験を有しており，本書にはそれぞれが個々の教育経験から得た知見が十分に盛り込まれている。本書が

初学者の民法学習の一助となり，さらなる発展学習の足がかりとなれば幸甚である。

　本書の出版にあたっては，尚学社苧野圭太氏に大変お世話になりました。執筆者一同，深く感謝申し上げます。

編著者　**松原孝明**

堀川信一

目　　次

凡　例

民法入門　Ⅰ

民法総則

第1章 民法入門

第1節 民法とはどんな法律か

1 法律全体の中の民法の位置づけ

(1) 公法と私法

民法とは，どんな法律か明らかにしていくにあたり，まずは，法律全体における民法の位置づけを見て行くことにしよう。まず，法は大きく分けて，**公法**と**私法**に分かれる。公法とは，国家の権力行使を規律する法であり，憲法や刑法などがこれに当たる。これに対して，私法とは，個人対個人の関係について規律する法である。民法はこの私法という領域に属する1つの法律である。

(2) 一般法と特別法

その他に，私法に分類される法律としては，例えば，会社に関する法律である**会社法**や大家と借家人等の関係について定めている**借地借家法**などがあるが，これらの法律が，特定の属性を持った人（借家人と大家など。なお「会社」も法律上は1人の「人」と扱われる。詳しくは本書**第3章**）を念頭に置き，

3

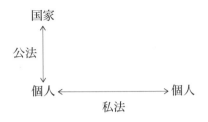

図1　公法と私法

そこでの問題を解決するために特化された法律であるのに対して（こうした法律を**特別法**という），民法は，そうした制限なく，私法の領域全般に適用される（こうした法律を**一般法**とよぶ）。

　そして，この特別法と一般法の関係については，次のようになる。例えば，大家と借家人の間でトラブルが起きたとしよう。その際には，まず，そうしたトラブルを解決するために用意された特別法である借地借家法を適用する。しかし，借地借家法の中にはトラブルを解決するのに適当な条文がない場合がある。そのような場合には，一般法である民法を適用することになる。このように特別法と一般法の間には，「特別法は一般法に優先する」というルールが存在するのである。

2　民法の構成とカバーする領域

(1)　パンデクテン体系

i　特徴　では，民法にはどんな内容が書かれているのだろうか。これについて見て行く前に，まず，民法という法典（民法典という）がどんな構成に従って条文を配列しているか学んでおこう。

　日本の民法典は，諸外国の民法典を参考にして作られた。その過程で特に強い影響を受けたのがフランス法とドイツ法である。そして，フランス法は**インスティトゥティオーネン体系**という構成をとっているのに対して，ドイツ法は**パンデクテン体系**という構成をとっていた。日本はこのうちドイツ式

のパンデクテン体系に従うことにしたのである。

パンデクテンもインスティトゥティオーネンも，ローマ時代に作られた大法典である『ローマ法大全』の中の一部である。そして，19世紀ドイツにおいてこの「パンデクテン」を整理して作り上げたのがパンデクテン体系と呼ばれる構成である。

その特徴は，常に，条文の先頭に**総則規定**が置かれている点にある。総則規定とは，その分野について共通するルールを定めた規定である。実際，民法の構成は次のようになっている。まず，民法全体の共通ルールを定めた第1編「総則」から条文がスタートしている。これに，第2編「物権」，第3編「債権」，第4編「親族」，第5編「相続」が続く。そして，この第2編以下を見てみると，この中にも総則規定が置かれているのが分かる。例えば，第3編の「債権」を見てみると，その第1章に「総則」とあるのが分かる。これは第3編「債権」全体に共通するルールを定める部分である。そして，第3編をさらに進んでいくと，次に第2章「契約」の規定が登場するが，ここにも第1節「総則」というパートが用意されている。これは第3編第2章全体に共通するルールを定めた部分である。このように，各パートに共通する規定を集めて「総則」とするところにパンデクテン体系の特徴がある。

ⅱ　注意点　　パンデクテン体系は，このように，各パートの先頭に共通ルールを掲げることによって規定の重複を避けた，理論的によく整理された体系であるといえる。しかし，1つ注意すべき点がある。それは，民法典全体をよく理解していないと，ある問題が起きたときに，どこに必要な条文があるのか，なかなか見つけることができないという点である。

例えば，物の売り買い（売買契約）を巡ってトラブルが起きたとしよう。「売買を巡るトラブルだから民法の中の『売買』という項目を探してそこを見ればいいんだ」とは単純にはいかない。確かに，そこでのトラブルが，例えば注文したはずの商品の数が足りないというような場合には「売買」に規定がある（526条）。しかし，そこでのトラブルが，「相手にだまされて不要なものを買わされたので代金を払いたくない」という場合には，いくら「売

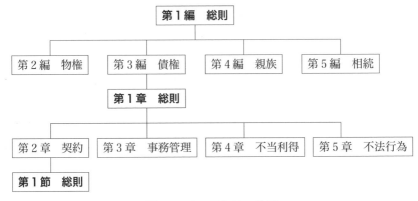

図2　パンデクテン体系

買」のところを見ても規定は見つからない。いわゆる詐欺に関する規定は，もっと手前の96条に規定されているからである。詐欺についてなぜそんなに手前に条文が置かれているかといえば，詐欺が発生するのは必ずしも売買に限ったことではなく，そうした意味で民法全体の共通ルールを収めた第1編「総則」に規定を置くのがふさわしいからである。

(2) 民法がカバーする領域

　そこで，まずはごく簡単にでも，民法全体を眺めておく必要があるだろう。そもそも，民法は，先ほども述べたように，私法の一般法として，私人間のトラブル全般に適用される法律であり，そのカバーする領域は極めて広い。まず大雑把に民法を2つの分野に分けるとすると，第2編「物権」と第3編「債権」は財産取引に関する規定が集められており，両者をあわせて**財産法**と呼ぶことがある。これに対して，第4編「親族」と第5編「相続」は，家族の身分関係に関係する規定が集められていることから，**家族法**と呼ばれている。以下ではもう少しこの2つの中身について見て行くことにしよう。

i　財産法　まずは**図3**を見てほしい。

　AとBという人がいたとする。Aは「甲」という物を支配しており，B

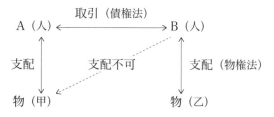

図3　物権法と債権法

は「乙」というものを支配している。ここで，BがAが支配している「甲」というもの（例えば自動車）が欲しいと思ったとする。

　まず，Aが「甲」に対してする支配の仕方には様々なものがある。この支配の仕方を定めているのが第2編「物権」である。ここでは，ひとまず，AもBも物に対して「所有権」（その物をどんなふうに扱ってもよい権利。206条）を持っているとする。BはAが所有している「甲」を勝手に支配することはできないから，Aと取引する必要がある。ここでの「取引」には様々なものがあるが（売買という方法だけでなく賃貸など様々な取引が用意されている），これを定めているのが第3編「債権」である。また，例えばAがBにケガを負わせたことにより，BがAに対して治療費の支払いを求めているといった場合も，第3編「債権」に規定がある（709条）。このように，「物権」には物の支配の仕方，「債権」には物の移転の仕方が定められている。

ⅱ　家族法　　まず第4編「親族」には，親子関係や婚姻・離婚について定められている。何があれば，婚姻や離婚，親子関係が成立し，成立すると法律上どういった効力が生ずるかといったことが中心に規定されている。第5編「相続」にはその名のとおり，相続関係に関する規定（相続の順位等）が置かれている。

　ところで，第1編「総則」は，民法全体に関する共通ルールであると先ほど説明した。もちろんそれは間違いではないが，総則の規定は，この家族法の領域に対しては，そのまま適用してしまうと，一部不都合を生ずる規定が存在しており，適用が除外されることがある。例えば，第1編「総則」にあ

る93条という条文は，例えば，Aという人物がBに，本当はパソコンを売る気がないのに「売る」と言った場合，Bに信頼を抱かせた以上約束を守りなさい，という内容が書かれた条文である。しかし，これを婚姻にそのまま当てはめてしまうと，Aは結婚する気もないのにBと結婚することになり，（たしかにBの信頼は保護されるが）おそらくその後両者はうまくいかないだろう。そこで，93条の規定は婚姻には適用しないことになっている。

第2節　民法を学ぶにあたり注意すべき点

これから，民法を学んでいくにあたり，いくつか注意すべき点を述べておこう。

1　必ず条文を読む

まず，民法に限らず，法律の勉強をする際には，必ず条文をあわせて読むことが必要である。教科書や講義では，たしかに，条文の構造などを具体例等を使って分かりやすく説明してくれてはいるが，結局のところ，それが分かっていたとしても（もちろんそのことは極めて重要であるが），最後は「民法の○○条にしたがい△△のように解決する」と言えなければ意味がない。そして，自分の頭で，理解していたつもりでも，普段から条文の文言に接していないと，いざ法律の文言を目の前にしたとき，「あれ？　この条文，自分が思っていたことと全然違うことが書いてあるぞ」と面食らってしまうことがある。例えば，民法177条は，1つの不動産を2人の人に売ってしまった場合（二重譲渡という），2人の買主のうちどちらが所有者となるかという問題の解決方法について規定している。講義ではよく「登記を先にした者が勝ち」という説明がされるが，実際の条文の文言を目の前にしたときに，どこをどのように読むとそのような説明になるのか分からないという学生が多い。是非そうならないように，普段から，条文を参照しながら勉強するようにし

てほしい。なお，法学部（特に法律学科）の学生は，民法に限らず，他の科目でも法律の条文を参照しなければならないことから，六法を購入して講義に持参することが一般的であるし，義務ですらある。

これに対して，他学部他学科の学生に関しては，民法のためだけに六法を買うのはややためらわれるところもあろう。今日では，インターネットで法律の条文も公開されており，そうしたものを活用するのもよいだろう。

2　順を追って考える

⑴　複雑な事案の整理の仕方

「民法が苦手です」という話をよく聞く。詳しく話を聞いてみると，理由は様々であるが，民法は登場人物が多くなる傾向があり，しかも，争っている当事者の利害関係がそこに複雑に絡み合ってきて，「頭がごちゃごちゃしてしまう」ことが原因の１つにあるようだ。気持ちは大変よくわかる。でも，そうした「ごちゃごちゃした問題」をきれいに解決できれば，それは大変すばらしいことだろう。

そこで，勉強する際に気を付ける点としては，まずは，簡単なことから言うと，図を描く癖をつけてしてほしい，ということである。当事者の関係が複雑な場合ほど是非やってほしい。そして，図はなるべくシンプルで，かつ，その図を使って人に説明するつもりで描くとよい。図が複雑すぎたり，あとで自分で見てもよくわからないようでは，図を描いた意味が無いからである。次に，議論の出発点はどこにあるのか，ということに常に意識を向けることである。そして，議論の出発点とは，問題となっているテーマにおける大原則である。そこから，１つずつ，問題を解きほぐしていけば，（実際にはそこまでさかのぼる必要は無かったということも多々あるかもしれないが）少なくとも「頭が混乱して先に進めない」という事態は回避できるのではないだろうか。分からなくなったら「常に原則に立ち戻って一から考え直す」ということを大切にしてほしい。

(2) 規範（ルール）と事実のあてはめ

最後に，前述のポイントとは問題の性質が異なるが，「常にルールが先」ということを忘れないようにしてほしい（本書「**第12章　答案の書き方**」で詳しく述べる）。

例えば，次のような問題が起きたとしよう。民法上，胎児は原則としては「人」として扱われない。そうだとすると，胎児の父がある者に殺害されても，胎児は「人」ではないので，加害者に対して損害賠償請求できない。しかし，これでは，胎児が生きて生まれた後に困るだろう。そこで，民法は胎児についても損害賠償請求権を認めた。民法721条である（早速，条文を見てみよう）。この時，もちろん，胎児が生きて生まれた後であれば，母親が子を代理して請求すればよいが，問題は，お腹の中に胎児がいる段階で，母親が胎児を代理できるかという問題が生ずる。

この問題については，胎児の間でも母は代理できるが，死産の場合には受け取った賠償金を相手に返さなければならないという説と（A説），胎児の間は請求できず，生きて生まれたときにはじめて請求できるという説（B説）の対立がある（詳しくは本書**第 2 章**参照）。この説の対立は，「721条の文言の意味をどちらの意味に理解するべきか」という問題についての意見の対立である。つまり，上記のような問題について，どのようなルールに従い問題を解決するべきか，ということの対立である。そして，例えば，B説をとるならば（なお判例はB説の立場），上記の事案では，胎児を代理して母が加害者に損害賠償請求できないという結論になる。このように，まず，問題解決のためのルールをしめし（規範定立という），そして，事案のあてはめを行うという順番で議論が進む。このことを常に頭において，勉強に励んでほしい。

第2章　人

> **基 本 事 項**

第1節　人の能力

1　権利能力

⑴　権利能力とは

　民法は，私人間の法律関係を規律する法律である。私人間の法律関係には様々なものがある。典型的には権利・義務関係がある。例えば，「Aに所有権がある」とか，「AがBに義務を負っている」などという場合である。で

は，権利を有したり，義務を負ったりすることができるAやBには「どのようなもの」があてはまるだろうか。権利を有したり，義務を負ったりすることができることができる（資格を有する）のは誰かということである。**権利能力**という法律用語がある。権利能力とは，権利・義務の帰属主体となりうる資格のことをいう（講学上，権利能力のことを**法人格**と表現することもある）。法律上，権利能力を有するのは私たち人間（**自然人**）と**法人**であるとされている（私たち人間については法人と区別する意味で自然人と呼んでいる）。たとえどんなに知能の高い動物でも，人ではない以上，権利能力が無いということになる。したがって，民法の世界では，動物が権利を有したり，義務を負ったりすることはない。

　民法第1編第2章「人」第1節は「権利能力」の表題の下に，「私権の享有は，出生に始まる」（3条1項）という規定を置いている。これは，自然人が出生により初めて権利能力を取得することを定めている。さらにこの条文は，人であれば誰でも平等に権利能力を有していること（**権利能力平等の原則**）を宣言していると解されている。人類の歴史においては，奴隷身分の者には権利能力が認められないという法体制もあった。しかし，現代においてこのようなことは到底認められない。3条1項は「人」であれば誰でも当然に権利能力を有する旨を謳っている。法人の権利能力については，本書**第3章**で述べる。

(2)　権利能力の始期

　「私権の享有は，出生に始まる」（3条1項）。出生すれば，「人」（第1編第2章表題）に当然に権利能力が備わると定めている。自然人の権利能力は，出生によって取得されるのである。

　母親のお腹の中にいる**胎児**に権利能力はあるのだろうか。胎児はまだ「出生」していない。したがって，権利能力が備わっていないことになる（3条1項反対解釈）。原則として胎児は民法上「人」とは扱われないのである。このように，胎児は権利能力を有しないというのが民法における原則である。

しかし、この原則を貫くと不都合がある。ここで、次の4つのケースについて考えてみよう。

i　相続　「胎児Aの父親Bが相続財産を残して死亡した」という場合を考えてみよう。

　Bの死亡が胎児の出生より後であった場合は、相続人であるAは相続により相続財産を取得することができる。これに対して、Bの死亡がAの出生前であった場合、3条1項によれば、Aは権利・義務の帰属主体ではないため相続人たりえず、相続は認められないことになる。しかし、胎児はそう遠くない将来「人」となる存在であるのに（昔から十月十日と言われているように、妊娠の期間は約10か月である）、たまたま父親の死亡の時点が出生の前か後かによって相続できたりできなかったりするのは不合理であろう。

　そこで民法は、「胎児は、相続については、既に生まれたものとみなす」（886条1項）と規定した。現実には胎児はまだ生まれていないが、「相続については」すでに生まれたものと「みなす」（擬制する）のである。

　胎児Aの父親Bが相続財産を残して死亡したというケースでは、886条1項が適用され、Bの死亡時に胎児であったAでも「相続は可能」ということになる。このような規定によって先程述べた不合理は回避される。

ii　遺贈　「胎児Aの父親Bが胎児に対して**遺贈**（遺言により贈与すること）を行ったが、Aが出生する前にBが死亡し、遺言の効力が生じた」という場合について考えみよう。

　この場合、Bの死亡の時点、すなわち遺言の効力が生じた時点ではAは胎児であったのだから、3条1項の原則によれば、Aは遺贈の目的たる財産を取得できないはずである。

　しかし、民法は相続についての886条の規定を受遺者（遺贈を受ける者）について準用している（965条）。つまり、遺言の効力が生じた時点において胎児であった者でも遺贈により財産を取得することができるとしている。965条は相続の場合におけるのと同様の考慮に基づく規定である。

iii　不法行為に基づく損害賠償請求　「胎児Aの父親Bが加害者Cの運転す

る車に轢かれて死亡した」という場合，AがCに不法行為に基づく損害賠償をしようにも，Aに権利能力がなければ，損害賠償請求権を取得できないことになりそうである。しかし，民法は，「胎児は，損害賠償の請求権については，既に生まれたものとみなす」（721条）と規定している。この規定により，胎児も不法行為に基づく損害賠償請求ができることになる。

iv　認知　民法は，父は胎児を**認知**することができるとしている（783条1項前段）。言い換えると，胎児も認知を受ける主体として認められているのである。認知とは，法律上親子関係が認められていない場合に，一方的な意思表示でもって法律上の親子関係を生じさせることをいう。

　父親Bに婚外子Aがいて，その後Bが死亡したとする。このとき，Aが血縁上Bの子であることが明らかであっても，Bが認知していない場合，AとB間の間には法律上の親子関係は認められない。親子関係が認められないため，AはBの相続権を有しない。

　783条1項前段は，父は胎児を認知することができるとしている。Bは胎児のときのAを認知することができる。これによりA・B間に法律上の親子関係が生じ，AにBの相続権が生じる。なお，胎児を認知する場合には，母の承諾が必要である（783条1項後段）。

【コラム：出生の意義】

　出生とは厳密にはどのようなことをいうのだろうか。刑法では，胎児が母体から一部でも露出すれば直接的に攻撃が可能となるので，人として保護の対象となるとして，胎児が母体から一部露出すれば出生と認める**一部露出説**が通説となっている。これに対して，民法では，そのような考慮は必ずしも必要ではない。胎児が母体から完全に離れ，独立した存在となったときを「出生」とする**全部露出説**が民法上の通説となっている。

---

2 権利能力の終期

権利能力の終期について明文は存在しない。死亡により権利能力は終了すると解される。死亡により相続が開始し（882条），婚姻関係の解消が生じる。

> 【コラム：死亡の時期】
>
> どの時点で死亡とするかについては，心臓の不可逆的停止・呼吸停止・瞳孔拡大の3つの徴候から判定する**三徴候説**がある。これに対して，近時は，脳の機能が不可逆的に停止した時とする**脳死説**も有力である。臓器移植法（臓器の移植に関する法律）は，脳死に関して，「前項に規定する『脳死した者の身体』とは，脳幹を含む全脳の機能が不可逆的に停止するに至ったと判定された者の身体」と規定している（同法6条2項）。また，同条1項柱書は，脳死した者の身体を臓器移植のために臓器を摘出しうる死体に含めている。もっとも，臓器移植の場面に限って脳死を人の死と扱っているにすぎない。同法は民法の領域において脳死説を採用するものではない。

3 意思能力

(1) 意思能力とは

私たち個人の生活関係はどのように形作られるべきだろうか。かつては身分社会の掟に従って生きるべきとされた時代もあった。しかし，自由な社会に生きる私たちは，まずは自分の意思に従って生きるべきである。このような考えは，**私的自治の原則**あるいは**意思自治の原則**と呼ばれている。私たち個人は基本的に自由であり，しかし自分の意思に基づいて行った行為だからこそ拘束を受けるのである。契約についていえば，自分の意思によって決定したことだから契約には拘束力があり，守らなければならないのである。

ある人の行為がその人の意思に基づくといえるためには，その人に一定の判断能力があったことが必要である。自分でも何をしているのか分からない

状況で行った行為については，それが自分の意思によるものとはいえない場合もあるであろう。つまり，行為の時に相応の判断能力（精神能力）があることは，ある行為が自らの意思に基づいているといえるための前提となっているといえる。このような判断能力のことを，民法では**意思能力**と呼んでいる。例えば，乳幼児や重度の精神病患者がする法律行為（契約など）は，一般に，意思能力を欠く法律行為であると考えられる。

　3条の2は，「法律行為の当事者が意思表示をした時に意思能力を有しなかったときは，その法律行為は，無効とする」と規定している。意思能力を欠く状態でされた法律行為は無効となる。ここで，意思能力を欠くことを**意思無能力**，意思能力を欠く者のことを**意思無能力者**という。

　2017年改正前の民法には，意思無能力無効を規定する条文は存在しなかったが，判例は意思能力を欠く状態でされた法律行為を無効と判示してきた（大判明38・5・11民録11輯706頁等）。ただ，明文がないことは一般国民にとっては分かりづらい。そこで，意思能力についての一般規定である3条の2が2017年改正により設けられた。

　2017年改正後の民法にあっても，意思能力とはどのようなことかといった定義規定は置かれていない。有力な見解によれば，意思能力とは，個々の法律行為をすることの意味を理解する能力をいう。この考え方によれば，意思能力の有無は，問題となっている法律行為ごと，行為者ごとに判断される。法律行為には様々なものがあり，それらの意味を理解するために必要な能力の程度も，法律行為の内容・性質，行為時の状況により左右されるものと考えられる。

(2)　意思無能力無効の意義

　意思能力を欠く状態でされた法律行為の効果は無効である。この場合の無効は，公序良俗違反の無効のように公益を目的とするものではなく，意思無能力者の保護のためにある。そのため，この無効を主張できるのは意思無能力者のみであり，意思無能力者と取引をした相手方は無効を主張できないと

解されている。このような無効を**相対的（取消的）無効**という（相対的無効について詳しくは本書**第8章**を参照）。

　無効の場合の法律関係はどうなるのだろうか。無効な行為に基づく債務の履行として給付を受けた者は，**原状回復義務**を負うことになる（121条の2）。例えば，意思無能力者と売買契約をして，意思無能力者から代金（物）を受取った相手方は，それを意思無能力者に返還しなければない。同様に，意思無能力者も相手方から物（代金）を返還をしなければならない。ただし，このような場合，意思無能力者は，その行為によって現に利益を受けている限度（**現存利益**）において返還をすれば足りるとされている（同条3項前段）。意思無能力者は，金銭を費消してしまったり，給付物を紛失している場合もあるので，意思無能力者を保護する規定を設けたのである（原状回復義務について詳しくは本書**第8章**を参照）。

4　行為能力

(1)　行為能力とは

　民法は，意思能力とは別に，**行為能力**に関する規定を設けている。行為能力とは，単独で確定的に有効な法律行為をなしうる資格のことをいう。行為能力が制限されている者のことを**制限行為能力者**という。制限行為能力者には，**未成年者，成年被後見人，被保佐人，被補助人**の4類型がある。

　制限行為能力者が行った一定の法律行為は取り消すことができる（5条2項・9条本文・13条4項・17条4項）。例えば，未成年者がその**法定代理人（親権者**または**未成年後見人**）の同意（事前の承認のこと）を得ないで1人で契約をした場合，原則として，その契約は一応有効ではあるものの取り消しうる（確定的に有効ではない）契約ということになる（5条2項）。つまり，民法において未成年者は，単独では確定的に有効な法律行為をすることができない者とされているのである。

　行為能力は，確定的に有効な法律行為をするために必要な能力という点で

は意思能力と共通している。それでは，意思能力とは別に，行為能力に関する制度を設ける理由はどこにあるのだろうか。それには次のような理由がある。例えば，高度の認知症の高齢者Aが判断能力が低下して意味も分からず高額な商品を購入する契約をしてしまったとする。このAが契約当時，意思無能力であったとして，「意思無能力であったから契約は無効だ」と主張するためには，民事訴訟法上，商品の購入時に意思能力がなかったことをAの側で証明しなければならない。しかし，このような証明は実際には困難であることが多い。しかし，それでは結局このような人たちを守ることができなくなってしまう。そこで民法は，制限行為能力者制度を設けた。自らが制限行為能力者であることは意思無能力のように法律行為ごとに個別に判断されるわけではなく，証明も容易にできるため，このような人たちをより一層保護することができる。

(2) 未成年者

i 未成年者とは 未成年者とは20歳未満の者をいう（4条参照）。未成年者が成年年齢に達すると，単独で確定的に有効な法律行為をすることができるようになり，父母の親権に服さなくなる（818条1項）。親権に服することがなくなるため，自分の居所や将来に向けての進路決定を自分の意思で決めることができるようになる。

> **【コラム：成年年齢の引き下げ】**
>
> 2018年改正により，成年年齢は18歳となり，18歳未満の者が未成年者となることが予定されている（2022年4月1日施行）。2022年4月1日の時点で18歳以上20歳未満の者はその日に成年に達することになる。日本国憲法の改正手続に関する法律の改正により，「日本国民で年齢満18年以上の者は，国民投票の投票権を有する」（同法3条）と定められ，公職選挙法等の一部を改正する法律により，選挙権年齢が同じく18歳と定められた。国政における重要事項の判断に関して，18歳，19歳の者を大人と扱うことになった。さらに，生

活・生活関係に関する私法の一般法である民法においても18歳以上の者を大人として取り扱うのが適当ではないかと議論され，改正へと至ったのである。なお，民法の成年年齢が18歳に引き下げられても，お酒やたばこに関する年齢制限については健康被害への懸念から20歳のまま維持される。同じく，公営競技（競馬，競輪，オートレース，モーターボート競走）の年齢制限についても，ギャンブル依存症対策などの観点から20歳のまま維持される。

ii　未成年者の法定代理人の権限　　法定代理人には未成年者の財産管理権限がある（824条本文，859条1項）。すなわち，法定代理人は，未成年者を包括的に代理する権限を有し（**代理権**）（824条本文，859条1項），未成年者が法律行為をするにあたって同意をする権限（**同意権**）（5条1項），未成年者のする法律行為を取り消す権限（**取消権**）（5条2項・120条1項），そして，未成年者が同意なく行った法律行為を追認する権限（**追認権**）（122条）を有している。

iii　未成年者が法律行為をする場合の原則　　未成年者が法律行為をするには，その法定代理人の同意を得なければならない（5条1項本文）。法定代理人の同意を得ないで行った法律行為は，取り消すことができる（同条2項）（**未成年者取消権**）。例えば，未成年者が，自分のロードバイクを親の同意なくリサイクルショップに売却し，売却代金を受取ってきてしまった場合，当該売買契約は取り消しうるものとなる。「取り消しうる」とはどういうことか。それは，取り消さなければ有効のままであるし，取り消せば初めから無効であったものとみなされる（遡及的に無効）ということである（121条）。

　ここでいう法定代理人とは，親権者または未成年後見人のことである（824条，859条1項）。未成年者は父母（未成年者が養子であるときは養親）の親権に服する。親権は，父母の婚姻中は父母が共同して行うものとされているから，「同意」（5条1項）も2人そろって共同して行わなければならない。ただし，父母の一方が親権を行うことができないときは，他の一方が行う（818条3項）。親権を行う者がないとき，または親権を行う者が管理権を有

しないときは未成年後見人が保護者となる（838条1号・839条以下）。

iv　未成年者が法律行為をする場合の例外　　次の場合は未成年者のする法律行為も確定的に有効である。

①単に権利を得，または義務を免れる法律行為（5条1項ただし書）　　単に権利を得たり，義務を免れる法律行為については，未成年者に不利益が生じることは通常ないため，法定代理人の同意を不要とし，未成年者が法定代理人の同意なしにこれを行っても，これを取り消すことはできない（確定的に有効）。例えば，贈与を受ける行為（負担付き贈与は負担を伴うので「単に権利を得」には含まれないと解される）や，債務免除を受ける行為がこれに当たる。

②法定代理人が処分を許した財産の処分行為（5条3項）　　法定代理人が目的を定めて処分を許した財産は，その目的の範囲内において，未成年者が自由に処分することができる（同条同項前段）。例えば，親が未成年者にスポーツ用品の購入のために5万円を与え，未成年者が購入をしてきたときは，この契約を取り消すことはできない。

　また，法定代理人が目的を定めないで処分を許した財産についても，未成年者は自由に処分することができる（同条同項後段）。例えば，未成年者が親からお小遣いをもらって，飲食をするなどの場合である。

③未成年者の営業の許可　　一種または数種の営業を許された未成年者は，その営業に関しては，成年者と同一の行為能力を有する（6条1項）。

　例えば，親からスーパーの経営を任され，親の許可を得て未成年者がスーパーを営んでいる場合，スーパーの営業に関する商品の仕入れや，備品の購入，販売など個々の契約については親の同意なしに成年者と同様に行うことができ，確定的に有効となる。

　もっとも，未成年者がその営業に堪えることができない事由があるときは，法定代理人は，営業の許可を取り消したり，制限することができる（同条2項）。

④取消権の行使　　行為能力の制限によって取り消すことができる行為につ

いては，制限行為能力者本人も取消権者であり，自ら取り消すことができる（120条1項）。例えば，未成年者が，法定代理人の同意なく売買契約を行った後，法定代理人の同意なしに取り消した場合，その取消しをさらに取り消すことができなくなる。取消しは白紙に戻すだけなので，制限行為能力者にも取消権を認めたのである。

⑤**婚姻による成年擬制**（753条）　　未成年者が婚姻をしたときは，これによって成年に達したものとみなす（753条）。これを**婚姻による成年擬制**という。婚姻をすれば未成年者も成年と扱われるのである。この趣旨は，婚姻をした未成年者が法定代理人の同意なしに，独立して自由に法律関係を形成することができるようにしたものである。成年と擬制された未成年者の法律行為は確定的に有効である。

　2018年改正（2022年4月1日施行）により，男性は18歳，女性は16歳の婚姻適齢（結婚ができるようになる年齢）は，女性も18歳となり，男女とも18歳に統一される。

　婚姻適齢に男女差が設けられてきたのは，男女間で心身の発達に差異があるためであるからだとされてきた。しかし，今日，社会的・経済的な成熟度において男女間に大きな違いはないとも考えられる。そこで，婚姻適齢については男女とも18歳に統一することになった。なお，2022年4月1日の時点において既に16歳以上の女性は18歳未満でも結婚することができる。これにより，成年年齢と婚姻適齢は同じとなったので，753条は削除される。

【コラム：成年擬制を受けた者が離婚した場合】

　婚姻による成年擬制がなされたが，その後，未成年者のうちに離婚した場合，成年擬制の効果はどうなるのだろうかと疑問に思うであろう。成年擬制は独立の主体として婚姻生活ができるようにするためのものなので，成年擬制の効力は失われるという考えもあるが，成年擬制を受けた者は社会的責任を自覚したのであるから一度生じた成年擬制の効力は失われないという考え

もある。

⑥**一定の身分行為**　身分行為（その効果が親族関係にかかわる法律行為）については，<u>制限行為能力者の意思を尊重するべく</u>，法定代理人の同意が不要とされている場合がある。例えば次の行為がそれに当たる。

　認知をするには，父または母が未成年者または成年被後見人であるときであっても，その法定代理人の同意を要しない（780条）。

　養子となる者が15歳以上であるときは，法定代理人の同意なく，養子となることができる（797条1項反対解釈）。ただし，未成年者が養子となる場合には，家庭裁判所の許可が必要である（798条本文）。

　15歳以上の者であれば遺言をすることができ，法定代理人の同意は不要である（961条・962条）。

【コラム：消費者被害の拡大の懸念と対策】

　成年年齢を18歳に引き下げた場合，18歳・19歳の者は，未成年者が法定代理人の同意を得ずに行った法律行為としての取消権を行使することができなくなる。社会経験に乏しく，保護がなくなったばかりの者が違法・不当な契約を結ばされたり，悪徳商法に遭ってしまうなど，消費者被害の低年齢化・拡大が懸念される。この対策として，政府は，小・中・高等学校等における消費者教育の充実や，消費者契約法の改正（消費者契約法3条1項2号の情報提供の考慮要素に消費者の知識・経験が追加された），全国共通の3桁の電話番号・消費者ホットライン188の周知や相談窓口の充実など，様々な環境整備の施策を行っている。また，消費者委員会・成年年齢引下げ対応検討ワーキング・グループ『成年年齢引下げ対応検討ワーキング・グループ報告書』（2017年1月）は，18〜22歳までを「若年成人」として保護の対象とすること等を提案している。

（3） 成年後見制度

i　成年後見制度とは　　認知症，知的障害，精神障害などの理由で判断能力が不十分な人は，自分の財産を自分で管理することや，介護サービスや施設へ入所する契約を自分で結ぶことが困難な場合がある。このような判断能力が不十分な人を保護・支援するのが成年後見制度である。成年後見制度は，1999年に成立し，2000年に施行された。それ以前には禁治産者制度があったが，成年後見制度へと制度が転換された。従来の禁治産者制度は，立場の強い者が立場の弱い者に保護を与えるというパターナリズムの発想に基づいていた。これに対して，<u>成年後見制度は，**本人の残存能力の尊重，ノーマライゼーション**（いわゆる弱者といわれている人々もそうでない人も，同じ様に生活することができる社会づくり），**自己決定権の尊重**をその理念としている。</u>

　成年後見制度は次の4つの法律の改正・新設を基盤としてスタートした。すなわち，「民法の一部を改正する法律」，「任意後見契約に関する法律」，「後見登記等に関する法律」，「民法の一部を改正する法律の施行に伴う関係法律の整備等に関する法律」である。

【コラム：成年後見制度の利用状況】

　成年後見制度（成年後見・保佐・補助・任意後見）の利用者数は218,142人となっている（2018年12月末日時点）（利用者とは，後見，保佐，補助開始の審判がされ，現に成年後見人等による支援を受けている者，任意後見監督人選任の審判がされ，任意後見契約が効力を生じている者のこと）。

成年後見の利用者数	169,583人
保佐の利用者数	35,884人
補助の利用者数	10,064人
任意後見の利用者数	2,611人

　成年後見人等（成年後見人，保佐人及び補助人）と本人との関係は下記の表に示した状況になっている（2018年1月から12月までの1年間のデータ）。

親族	8,428件 （約23.2%）
親族以外	27,870件　（約76.8%） （弁護士　　　8,151件） （司法書士　　10,512件） （社会福祉士　4,835件） （市民後見人　　320件）
合計	36,298件

出所：最高裁判所事務総局家庭局「成年後見関係事件
　　　の概況——平成30年1月〜12月」（2019年3月）

ii　**法定後見制度**　　成年後見制度は，法定後見制度と任意後見制度の2つからなる。

　法定後見制度は，家庭裁判所によって選ばれた成年後見人・保佐人・補助人（成年後見人等）が，本人を代理して契約をしたり，本人が自分で契約を際に同意を与えたり（同意が必要とされている場合），本人がなした契約を後から取り消すことによって，本人を保護・支援する制度である。成年後見人等は，本人の生活・医療・介護・福祉など，本人の身のまわりの事柄にも目を配りながら本人を保護し，支援する。このように，<u>本人の**財産管理**や，**身上監護**（身上保護）</u>を行う。

　成年後見人等はその事務について家庭裁判所に報告するなどして，家庭裁判所の監督を受ける。なお，成年後見人等の職務は法律行為に関するものに限られており，食事の世話や介護など（**事実行為**）は，一般に成年後見人等の職務ではない。

【コラム：欠格条項の見直し】
　成年後見制度の利用の促進に関する法律に基づく措置として成年被後見人等の権利の制限に係る措置の適正化等を図るための関係法律の整備に関する法律が，2019年6月に成立した。これは，成年被後見人・被保佐人の人権が尊重され，不当に差別されることのないよう，欠格条項その他の権利の制限に係る措置の適正化等を図るものである。

欠格条項とは，資格・職種・業務等の信頼性を確保するため，あるいは関係者の権利利益を保護するなどの目的で，資格等から一定の者（例えば，暴力団員，破産手続開始決定を受けて復権を得ない者，未成年者，違法薬物等の中毒者等）を排除する規定のことであり，各法令に定められている。欠格条項の中には，成年被後見人や被保佐人も含めているものがあり，今改正では，成年被後見人や被保佐人を資格等から排除する187の法律の欠格条項が見直された。その結果，これらの法律については，成年被後見人や被保佐人であるからといって，一律に資格等から排除されることはなくなった。今後は，資格等に相応しい能力の有無を判断するための個別審査規定の適正な運用を通じて，資格等を有する者がそれに相応しい能力を備えているかどうかが判断される。なお，会社法と一般社団法人及び一般財団法人に関する法律については今後予定される会社法の改正と併せて欠格条項の見直しが行われる見込みである。

⑷ 成年被後見人

i **成年被後見人**　家庭裁判所は，精神上の障害により事理弁識能力を欠く常況にある者については，**後見開始の審判**をすることができる（7条）。後見開始の審判を受けた者を成年被後見人といい，**成年被後見人**には保護者として**成年後見人**が付く（8条）。保護を受ける側が成年被後見人であり，保護する側が成年後見人であるので間違えないように注意が必要である。

ii **成年後見人の選任**　後見開始の審判の請求権者は，本人，配偶者，4親等内の親族，未成年後見人，未成年後見監督人，保佐人，保佐監督人，補助人，補助監督人，検察官（7条），任意後見受任者，任意後見人，任意後見監督人（任意後見契約に関する法律10条2項）である。また，自治体の市町村長も一定の場合に申立てをすることができる（老人福祉法32条，知的障害者福祉法28条，精神保健及び精神障害者福祉に関する法律51条の11の2）。

　成年後見，保佐，補助に関する事項（後見の種別，成年被後見人等，成年後見人等の氏名等）は，磁気ディスクによる**後見登記等ファイル**によって登記される（後見登記等に関する法律4条）。また，任意後見契約も同様である

（同法 5 条）。誰でも後見登記等ファイルの内容を知ることができるわけではない。プライバシーの観点から，後見登記等ファイルに記録されている事項（記録がないときは，その旨）を証明した書面（登記事項証明書）の交付を請求することができる者は一定の者に限定されている（取引の相手方は請求できない）（同法10条 1 項）。

iii　成年被後見人の法律行為　　成年被後見人の法律行為は，取り消すことができる（ 9 条本文）。ただし，日用品の購入その他日常生活に関する行為については，この限りでない（同条ただし書）。

　<u>成年後見人の権限として，未成年者の法定代理人のような同意権はなく</u>（成年後見人から同意を与えられても，成年被後見人がその通りの行為をするかどうかの保障はないため），たとえ成年後見人の同意があっても成年被後見人の法律行為は取り消すことが可能である。

iv　成年後見人の権限と義務　　成年後見人は，成年被後見人を包括的に代理する権限を有し（**代理権**）（859条，ただし859条の 3 による例外あり），成年被後見人のする法律行為を取り消す権限（**取消権**）（ 9 条本文・120条 1 項），そして，成年被後見人が行った法律行為を追認する権限（**追認権**）（122条）を有している。

　成年後見人の代理権については，例外の場合があり，成年被後見人の居住の用に供する建物またはその敷地について，売却，賃貸，賃貸借の解除または抵当権の設定その他これらに準ずる処分をするには，家庭裁判所の許可を得なければならない（859条の 3 ）。このような行為は本人の生活に重大な影響を及ぼすことになるから本人の保護の見地から特に配慮をする必要があるからである。

　なお，2016年に「成年後見の事務の円滑化を図るための民法及び家事事件手続法の一部を改正する法律」が施行され，成年後見人が家庭裁判所の審判を得て，成年被後見人宛郵便物の転送を受けることができるようになった（郵便転送。860条の 2 ・860条の 3 ）。また，成年後見人が成年被後見人の死亡後にも行うことができる事務（死後事務）の内容と手続が明確化された（873

条の2）。死後事務の内容は，次の①〜③の行為である。ただし，③を行う
には，家庭裁判所の許可を得なければならない。①相続財産に属する特定の
財産の保存に必要な行為，②相続財産に属する債務（弁済期が到来している
ものに限る）の弁済，③その死体の火葬又は埋葬に関する契約の締結その他
相続財産の保存に必要な行為（①・②の行為を除く）である。なお，成年後
見人に葬儀を行う権限までは与えられていない。葬儀には様々な形態があり，
葬儀の方法や費用負担等をめぐって，相続人の間でトラブルが生ずるおそれ
があるため後見事務の対象とはなっていない。

　成年後見人は，**善管注意義務**（善良なる管理者の注意義務）を負っており
（869条・644条），重い注意義務が課せられている。また，成年後見人は，成
年被後見人の生活，療養看護および財産の管理に関する事務を行うに当たっ
て，成年被後見人の意思を尊重し，その心身の状態及び生活の状況に配慮す
る義務を負っている（**身上配慮義務**。858条）。

v　医療同意権　　患者に成年後見人が付けられている場合，成年後見人が
医療同意権限を有するかどうかについては様々な議論がある。立法担当官は
これを否定するが，肯定説，限定的肯定説などがある。

vi　後見開始の審判の取消し　　成年後見開始の原因が消滅したときは，家庭
裁判所は，本人，配偶者，四親等内の親族，後見人，後見監督人または検察
官の請求により，後見開始の審判を取り消さなければならない（10条）。

(5)　被保佐人

i　被保佐人　　家庭裁判所は精神上の障害により事理を弁識する能力（事
理弁識能力）が著しく不十分である者について，**保佐開始の審判**をすること
ができる（11条本文）。保佐開始の審判を受けた者を**被保佐人**という。被保
佐人には保護者として**保佐人**が付く（12条）。

　被保佐人は，禁治産者制度の下では準禁治産者と呼ばれ，それには心神耗
弱者（今でいう事理弁識能力が著しく不十分である者），聾唖者，盲者，浪費者
が含まれていたが，1979年の改正により聾唖者，盲者が，1999年の改正によ

り浪費者が除外された。

　保佐開始の審判は精神上の障害により事理弁識能力が「著しく不十分」である者についてなされうるものであるので，事理弁識能力を欠く常況にある者については保佐開始の審判をすることはできない（11条ただし書）。保佐開始の審判の請求権者は，成年後見の審判と同様である。

ii　13条1項各号に列挙された行為　被保佐人が13条1項各号に列挙された行為をするには，保佐人の同意を得なければならない（ただし，日用品の購入その他日常生活に関する行為を除く）（13条1項）。逆に言えば，同意を要するとされていない行為については，被保佐人が単独で確定的に有効に行うことができる。

　被保佐人が保佐人の同意を得なければならない行為について，保佐人の同意を得ないでした行為は取り消すことができる（13条4項）。これは，被保佐人は，事理弁識能力が著しく不十分ではあるが，事理弁識能力を欠く常況にあるわけではなく，13条1項に掲げられた重要な法律行為以外の行為であれば，単独で確定的に有効に行うことができるが，13条1項に掲げられた重要な法律行為については，保佐人の同意がない限り取り消すことができるとしたものである。保佐人は本人の意思を尊重しつつ同意するか否かを判断する。

　13条1項1号から10号には，次の行為が挙げられている。

1号	**元本を領収し，または利用すること。**
	元本とは利息や家賃など法定果実を生み出す財産をいう。例：預貯金の払い戻し，貸金の領収，不動産の賃貸
2号	**借財または保証をすること。**
	例：借金をすること，保証人となること
3号	**不動産その他重要な財産に関する権利の得喪を目的とする行為をすること。**
	例：不動産の売買，担保権の設定，クレジット契約の締結
4号	**訴訟行為をすること。**

	例：訴訟の原告となること（応訴や，離婚・認知などの人事訴訟は保佐人の同意がなく可能）
5号	**贈与，和解，または仲裁合意をすること。**
	例：自己の財産等を他人に与えること
6号	**相続の承認もしくは放棄または遺産の分割をすること。**
	例：遺産分割協議
7号	**贈与の申込みを拒絶し，遺贈を放棄し，負担付贈与の申込みを承諾し，または負担付遺贈を承認すること。**
	本人に不利益が生じるおそれがあるからである。
8号	**新築，改築，増築または大修繕をすること。**
	多額の出費が必要となることがあるためである
9号	**602条（短期賃貸借）に定める期間を超える賃貸借をすること。**
	602条に定める期間を超えない賃貸借であれば，管理行為の範囲にとどまり，保佐人の同意を要しないと解される
10号	**1号～9号に列挙された行為を制限行為能力者（未成年者，成年被後見人，被保佐人，17条1項の審判を受けた被補助人）の法定代理人としてすること。**
	本文の記述を参照

iii **13条1項10号**　13条1項10号は「前各号に掲げる行為を制限行為能力者（未成年者，成年被後見人，被保佐人及び第17条第1項の審判を受けた被補助人をいう。以下同じ。）の法定代理人としてすること」と規定し，13条1項1号から9号の行為を制限行為能力者の法定代理人としてするには，保佐人の同意を要することとしている。2017年改正により新たに追加されたものである。その趣旨は，次の通りである。102条本文は，制限行為能力者が代理人としてした行為は，行為能力の制限によっては取り消すことができないとする一方で，同条ただし書は，制限行為能力者（B）が他の制限行為能力者（A）の法定代理人としてした行為については，この限りではない（取り消しうる）としている。そのような代理行為を常に有効とするのは，法定代理人

の選任に直接関与しない本人たる制限行為能力者（A）の保護に背くことになるからである。これに応じて，13条1項10号は，被保佐人（B）が，制限行為能力者（A）の法定代理人としてすることにつき，Bの保佐人の同意事項としている（保佐人の同意がないBによる代理行為については同条4項により取り消しうる）。なお，補助人の同意を要する旨の審判により，被補助人についても同様のことがあてはまる（17条1項ただし書参照）。

iv　保佐人の同意を要する旨の審判があった行為（13条1項各号以外）　また，被保佐人が13条1項各号に列挙された行為以外の行為をする場合であっても，家庭裁判所は，請求権者の請求により，保佐人の同意を要する旨の審判をすることができる（13条2項本文）。ただし，日用品の購入その他日常生活に関する行為については同意を要する旨の審判をすることはできない（13条2項ただし書）。保佐人の同意を要する行為であるにもかかわらず，被保佐人が保佐人の同意を得ないでした行為は取り消すことができる（13条4項）。

　保佐人の同意を得なければならない行為について，保佐人が被保佐人の利益を害するおそれがないにもかかわらず同意をしないときは，家庭裁判所は，被保佐人の請求により，保佐人の同意に代わる許可を与えることができる（13条3項）。

v　保佐人の権限・義務　保佐人は，保佐人の同意を要する行為につき，**同意権**を有し（13条），**取消権**（13条4項・120条1項），**追認権**（122条）を有している。

　保佐人は原則として被保佐人の代理権を有しない。保佐人の代理権は家庭裁判所が，特定の法律行為について保佐人に代理権を付与する審判をした場合に生じる。保佐人は審判で定められた特定の法律行為について本人を代理する（876条の4第1項）。本人の意思を尊重するため，本人以外の者の請求によって代理権を付与する審判をするには，**本人の同意**がなければならない（同条2項）。

　保佐人は，**善管注意義務**を負っている（876条の5第2項・644条）。また，成年後見人は，保佐の事務を行うに当たって，被保佐人の意思を尊重し，そ

の心身の状態及び生活の状況に配慮する義務を負っている（**身上配慮義務。876条の5第1項**）。

vi　保佐開始の審判等の取消し　　保佐開始の原因が消滅したときは，家庭裁判所は，本人，配偶者，四親等内の親族，未成年後見人，未成年後見監督人，保佐人，保佐監督人または検察官の請求により，保佐開始の審判を取り消さなければならない（14条1項）。

(6)　被補助人

i　被補助人　　家庭裁判所は，精神上の障害により事理を弁識する能力が不十分である者について，**補助開始の審判**をすることができる（15条1項本文）。なお，補助開始の審判は，後述の17条1項の審判または876条の9第1項の審判とともにしなければならない（15条3項）。補助開始の審判を受けた者を**被補助人**という。被補助人には保護者として**補助人**が付く（16条）。

　補助開始の審判は，精神上の障害により事理を弁識する能力が不十分である者についてなされうるものなので，事理弁識能力を欠く常況にある者，事理弁識能力が著しく不十分である者については補助開始の審判をすることはできない（15条1項ただし書）。補助開始の審判の請求権者は，成年後見の審判と同様である。本人以外の者の請求により補助開始の審判をするには，本人の同意がなければならない（15条2項）。不十分とはいえ事理弁識能力が残存している本人の意思を尊重するべきであるからである。

ii　補助人の同意を要する旨の審判　　家庭裁判所は，請求権者の請求により，被補助人が特定の法律行為をするにはその補助人の同意を要する旨の審判をすることができる（17条1項本文）。補助人の同意を要する行為であって，補助人の同意を得ないでした行為は，取り消すことができる（17条4項）。逆に言えば，同意を要する旨の審判を受けていない行為については，被補助人が単独で確定的に有効に行うことができる。

　審判により補助人の同意を要するとすることができる行為は，13条1項に規定する行為の一部に限られている（17条1項ただし書）。本人以外の者の請

求によりこの審判をするには，本人の同意が必要である（17条2項）。

　補助人の同意を得なければならない行為について，補助人が被補助人の利益を害するおそれがないにもかかわらず同意をしないときは，家庭裁判所は，被補助人の請求により，補助人の同意に代わる許可を与えることができる（17条3項）。

iii　補助人の権限・義務　　補助人は，補助人の同意を要する行為につき，**同意権**（17条1項本文），**取消権**（17条4項・120条1項），**追認権**（122条）を有している。

　補助人は原則として被補助人の代理権を有しない。補助人の**代理権**は家庭裁判所が特定の法律行為について補助人に代理権を付与する審判をした場合に生じる（876条の9第1項）。本人の意思を尊重するため，本人以外の者の請求によって代理権を付与する審判をするには，本人の同意がなければならない（876条の9第2項・876条の4第2項）。

　補助人は，**善管注意義務**を負っている（876条の8第2項・644条）。また，**身上配慮義務**を負っている（876条の10第1項・876条の5第1項）。

iv　補助開始の審判等の取消し　　15条1項本文に規定する原因が消滅したときは，家庭裁判所は，本人，配偶者，4親等内の親族，未成年後見人，未成年後見監督人，補助人，補助監督人又は検察官の請求により，補助開始の審判を取り消さなければならない（18条1項）。

　家庭裁判所は，前項に規定する者の請求により，18条1項の審判の全部又は一部を取り消すことができる（18条2項）。

(7)　審判相互の関係

　後見開始の審判をする場合において，本人が被保佐人または被補助人であるときは，家庭裁判所は，その本人に係る保佐開始または補助開始の審判を取り消さなければならない（19条1項）。19条1項の規定は，保佐開始の審判をする場合において本人が成年被後見人もしくは被補助人であるとき，または補助開始の審判をする場合において本人が成年被後見人もしくは被保佐

人であるときについて準用されている（同条2項）。

(8) 任意後見制度とは

i　任意後見制度の概要　　**任意後見制度**は次のような仕組みである。まず，本人に十分な判断能力があるうちに，将来，判断能力が不十分な状態になった場合に備えて，あらかじめ本人が選んだ受託者（任意後見人となる者）に，自己の生活，療養看護や財産管理に関する事務の全部又は一部を委託し，その委託に係る事務について代理権を与える契約（**任意後見契約**）を公正証書で締結しておく。本人の判断能力が低下した場合，家庭裁判所の**任意後見監督人の選任**により，任意後見契約の効力が生じる。任意後見人は，任意後見契約で決めた事務について，家庭裁判所が選任する任意後見監督人の監督のもと，契約で定められた特定の法律行為を本人に代わって行う。これによって本人の意思に従った適切な保護・支援を行う（任意後見契約に関する法律2条1号参照）。

ii　任意後見契約の態様　　任意後見には，①即効型，②移行型，③将来型の3つの利用形態がある。

　まず，即効型とは，任意後見契約の締結後，直ちに任意後見契約を発効させるというものである。判断能力が不十分な状態にある本人が法定後見よりも任意後見を希望する場合にこの類型が選ばれる。本人に意思能力があり任意後見契約を締結できることが前提となる。

　次に，移行型とは，任意後見契約と同時に財産管理契約等を締結しておく類型である。本人に判断能力がある間は，財産管理等を行う事務処理契約に基づき本人の便宜のために財産管理等を行ってもらい，判断能力低下後は，任意後見監督人の選任を申し立て，任意後見契約発効させ，任意後見に移行する形態である。この類型の問題点としては，本人の判断能力が低下したにもかかわらず，任意後見受任者が監督なしで財産管理を続けるという問題がある。

　そして，将来型とは，本人に十分な判断能力がある場合において，将来自

表1　行為能力制度の概要

	未成年者	成年被後見人	被保佐人	被補助人
保護者	法定代理人（親権者・未成年後見人）	成年後見人	保佐人	補助人
保護者の代理権	代理権（824条本文，859条1項）	代理権（859条）ただし，859条の3による例外あり	家庭裁判所が，特定の法律行為について保佐人に代理権を付与する審判をした場合のみ（876条の4第1項）859条の3も準用（876条の5第2項）	家庭裁判所が，特定の法律行為について補助人に代理権を付与する審判をした場合のみ（876条の9第1項）859条の3も準用（876条の10第1項）
保護者の同意権	同意権（5条1項）ただし，次の場合は同意権なし①単に権利を得，または義務を免れる法律行為（5条1項ただし書）②法定代理人が処分を許した財産の処分行為（5条3項）。③未成年者の営業の許可（6条1項）	同意権なし	①13条1項各号に列挙された行為（日用品の購入その他日常生活に関する行為については除外。同条同項ただし書）②家庭裁判所により，保佐人の同意を要する旨の審判がなされた行為（13条2項）。	13条1項各号に列挙された行為の一部（17条1項）につき，家庭裁判所による同意権付与の審判がある場合
保護者の取消権・追認権	取消権（5条2項）ただし，5条1項ただし書・同条3項・6条の場合は取り消すことができない追認権（122条）	取消権（9条本文・120条1項）ただし，日用品の購入その他日常生活に関する行為については，取り消すことができない（9条ただし書）追認権（122条）	保佐人の同意を要する行為につき，取消権（13条4項・120条1項），追認権（122条）	補助人の同意を要する行為につき，取消権（17条4項・120条1項），追認権（122条）

己の判断能力が低下した時点ではじめて任意後見人により保護を受けるという形態である。立法担当者が予定していた本来の任意後見の形がこれである。

⑼ 制限行為能力者の相手方の催告権

制限行為能力者が行った一定の法律行為は取り消すことができる（5条2項・9条本文・13条4項・17条4項）。そのため，制限行為能力者と取引をした相手方は，取り消すことができる行為が追認権者により追認されれば確定的に有効になる一方で（122条），追認がなければ，取り消されるのかどうか分からず不安定な立場に立つことになる（取消しうる行為の追認については，本書第8章参照）。

このような不安定な立場に立つ相手方を保護するために用意されたのが**制限行為能力者の相手方の催告権**である。これは，制限行為能力者と取引をした相手方が1か月以上の期間を定め，追認するかどうか確定せよと催告ができ，その期間内に確答がない場合には，追認または取消しがあったものとみなされるというものである（20条）。どちらの効果になるかは下記の通りとなる（なお，制限行為能力者の側から取消しまたは追認があればそれで法律関係が確定する）。

i　制限行為能力者が行為能力者となった後　制限行為能力者の相手方は，その制限行為能力者が行為能力者となった後，その者に対し，1か月以上の期間を定めて，その期間内にその取り消すことができる行為を追認するかどうかを確答するよう催告をすることができる。この場合において，その者がその期間内に確答をしないときは，追認したものとみなされる（20条1項）。

ii　制限行為能力者が行為能力者とならない間　制限行為能力者の相手方が，制限行為能力者が行為能力者とならない間に，その法定代理人，保佐人，または補助人に対して催告をすることができる。これらの者が期間内に確答しないときは追認したものとみなされる（20条2項）。

iii　被保佐人または被補助人に対して　制限行為能力者の相手方は，被保佐人または17条1項の審判を受けた被補助人に対して，その保佐人または補助

人の追認を得るよう催告をすることができる。この場合において，その被保佐人または被補助人が期間内にその追認を得たとの通知を発しないときは，その行為は取り消されたものとみなされる（20条4項）。

表2　制限行為能力者の相手方の催告権

	催告の相手方	確答がない場合の効果
制限行為能力者が能力者となった後	行為能力者となった者	追認したものとみなされる
制限行為能力者が制限行為能力者である間	保護者	追認したものとみなされる
	被保佐人・被補助人	取り消されたものとみなされる

第2節　失踪宣告

1　失踪宣告とは

　次の事例を考えてみよう。台風による豪雨により河川が氾濫して洪水被害が起き，Aが行方不明になって1年が経過した。Aには妻Bと子Cがいる。Aが有していた財産には不動産（土地）と預金500万円がある。

　Aは洪水によって死亡した可能性もあるものの，生存の確証もなく，生死不明の状態が続いている。BやCにとっては気の毒な状態が続いているが，このようにAの生死不明の状態が続いていることで，残された家族が新しい生活をスタートを切る上で障害が生じる。具体的には，死亡が認定されない限り，Bに再婚の機会が与えられず，また，B・Cが財産の相続ができないことになってしまう。

　そこで，民法は，一定の要件の下で，不在者を死亡したものと扱うことのできる，**失踪宣告制度**を設けた。失踪宣告制度は，失踪者（失踪の宣告を受けた者）の利害関係人の不都合を解消するための制度である。

2　失踪宣告の要件

⑴　普通失踪

不在者の生死が7年間明らかでないときは，家庭裁判所は，利害関係人の請求により，失踪の宣告をすることができる（30条1項）。これを**普通失踪**という。

利害関係人とは，失踪宣告により直接権利を得たり，義務を免れる法律上の利害関係を有する者であり，単に事実上利害関係を有するにすぎない者はこれに含まれない（大決昭7・7・26民集11巻1658頁）。

⑵　危難失踪（特別失踪）

戦地に臨んだ者，沈没した船舶の中にいた者など危難に遭遇した者の生死が，その危難が去った後1年間明らかでないときも，家庭裁判所は，利害関係人の請求により，失踪の宣告をすることができる（30条2項）。これを**危難失踪（特別失踪）**という。危難の範囲は広く考えられ，地震，火災，洪水などもこれに当たる。

3　失踪宣告の効果

失踪宣告の効果は，死亡したものとみなされること（**死亡擬制**）である。死亡したとみなすといっても，失踪者の権利能力を否定するわけではなく，失踪者が生存していて行った法律行為までもが否定される（無効となる）わけではない。

死亡したとみなされる結果，相続が開始し（882条），婚姻が解消され，失踪者の配偶者は再婚が可能になる。

死亡したとみなされる時点は，普通失踪の場合は，**7年の期間が満了した時**であり，危難失踪の場合は，その**危難が去った時**である（31条）。例えば，普通失踪の場合，生死不明から10年経って失踪宣告があったときは，生死不

明から7年が満了した時に死亡したとみなされる。危難失踪の場合は，危難が去った時に死亡したとみなされる。

4 失踪宣告の取消し

(1) 失踪宣告の取消しとは

失踪宣告がなされても，失踪者が実は生存していたということもある。本人や利害関係者は真実の法律関係に復元するため，失踪宣告を取り消す必要が出てくる。家庭裁判所は，失踪者が生存することまたは死亡したとみなされる時と異なる時に死亡したことの証明があったときは，本人または利害関係人の請求により，失踪宣告を取り消さなければならない。失踪者が生存していれば当然に失踪宣告が失効するのではなく，家庭裁判所による失踪の宣告の取消しが必要である点に注意が必要である。

家庭裁判所による失踪の宣告の取消しにより，失踪宣告は最初から（遡及的に）なかったものとなる。その結果，失踪宣告後に生じた法律関係も無効となり，相続や婚姻関係の解消もなかったことになる。例えば，Aの失踪宣告により財産を相続したBは，失踪宣告の取消しにより，その財産をAに返還しなければならない。これが原則論である。

しかし，失踪宣告を信じて行った行為がすべて覆されてしまうとすると，関係者に不測の不利益を生じさせてしまう。そこで，民法は，失踪宣告が事実に反することを知らなかった者を保護する観点から，取消しの効果を制限する規定を設けた。

(2) 直接取得者の財産の喪失と返還義務

失踪宣告によって直接財産を得た者（相続人，受遺者，生命保険の受取人）は，失踪宣告の取消しによって当該財産権を失う（32条2項本文）（「直接」とは文言にはないがこのように解されている）。この場合，本来，財産の全部を返還しなければならないはずであるが，失踪宣告を信じた者を保護する観点か

ら，その者は現に利益を受けている限度（**現存利益**）においてのみ，その財産を返還すれば足りる（32条2項ただし書）。例えば，失踪宣告により，銀行預金1,000万円の相続人と扱われた者が，失踪宣告の取消し前に生活費として200万円，ギャンブルに800万円を使ってしまった場合，返還の範囲は200万円である。1,000万円すべて使い果たしてしまっているため手元に金銭は残っていないが，生活費に用いた場合には，その分自分の財産が節約されているので，200万円の現存利益があると考えられるからである。なお，現存利益の返還で足りるのは，失踪宣告が事実に反することを知らなかった善意の者のみと解されている（通説）。文言上そのような限定はないが，失踪宣告が事実に反することを知っていた悪意の者まで現存利益の返還だけでよいとする必要はなく，失踪者に不利益を課すのは不公平だからである。悪意者は1,000万円全額を返還しなければならないと考えるのが妥当である。

(3)　失踪宣告後，取消し前に善意でした行為

失踪者Aの甲不動産をBが相続し，これをBがCに売却したというケースについて考えてみよう。この場合，失踪宣告の取消しは，失踪宣告後その取消し前に善意でした行為の効力に影響を及ぼさない（32条1項後段）。失踪宣告を信じて行った行為がすべて覆されてしまうことは，関係者に不測の不利益が生じるため，取消しの遡及効を制限する場合を定めているのである。上記のケースに，もし，この規定が適用されるならば，失踪宣告の取消しにも関わらず，B・C間の売買契約には影響は及ばないので，Cは甲不動産の所有権を失わなくてもよいことになる。問題は，32条1項後段の善意（失踪宣告が事実に反することを知らないこと）が誰に要求されているかである。これについては，BとCの双方が善意でなければならないという**双方善意必要説**（大判昭13・2・7民集17巻59頁）と，たとえBが悪意でもCさえ善意であればよいとする**取得者善意説**がある。失踪者の利益を重視すれば，B・C双方に善意を必要とするべきであるが，他方，取得者Cの利益を考えると，Cの善意・悪意のみを問題とするべきである。

第3節　同時死亡の推定

　数人の者が死亡した場合において，そのうちの1人が他の者の死亡後になお生存していたことが明らかでないときは（すなわち，死亡の先後関係が不明な場合は），これらの者は，同時に死亡したものと推定される（32条の2）。これを**同時死亡の推定**という。どうしてこのような推定が必要なのだろうか。

　夫婦A・Bと，その子C・Dがいるとしよう。AとCが乗った船が沈没し，共に死亡した。Aの遺産としては，8,000万円の預金債権があったとする。

　この場合，AとCいずれが先に死亡したかによってBとDの遺産の相続割合は大きく異なる。

　まず，Aが先に死亡したとすると，まず，Bが2分の1（4,000万円）相続し（890条・900条1号），C・Dが4分の1ずつ（2,000万円ずつ）相続する（887条1項・900条1号）。A死亡後にCが死亡しているので，Cの財産2,000万円をBが相続する（889条1項1号）。なお，DはCの財産を相続しない（889条1項柱書参照）。よって，Bが6,000万円，Dが2,000万円となる。

　これに対して，Cが先に死亡したとすると，Aの死亡により，Aの財産を相続するのはBとDのみとなり，Bが4,000万円，Dが4,000万円を相続することになる（887条1項・890条・900条1号）。

　A・Cのいずれが先に死亡したのか不明な場合については，別にルールを定めておく必要がある。そこで，この場合につき，32条の2は「数人の者が死亡した場合において，そのうちの1人が他の者の死亡後になお生存していたことが明らかでないときは，これらの者は，同時に死亡したものと推定する」と規定した。要するにAとCが同時に死亡したものと推定した。同時に死亡したものと推定される結果，どうなるのだろうか。A・Cが同時に死亡したと推定されるので，反証がないかぎりA・C間には互いに相続が生じないことになる（被相続人の死亡時に生存していない者は相続人にはなれないた

め）。したがって，AからCへの相続は生じず，Bが4,000万円，Dが4,000万円を相続することになる（887条1項・890条・900条1号）。

　ここで法定相続人の範囲と法定相続分について簡単に説明しておく。

・法定相続人の範囲（**表3**参照）

　　相続には順位があり，第1順位の者がいれば，第2順位・第3順位の者は相続人とならない（先順位の者だけが相続人となる）（887条・889条）。

　　被相続人（死亡した者）の配偶者は，第1・第2・第3順位の者と並んで常に相続人となる（890条）。

　　代襲相続人とは，被相続人の死亡以前に，相続人となるべき者が死亡するなどして相続権を失った場合に，その者に代わって相続人となる直系卑属（その者の子や孫）のことである。

・法定相続分については900条各号および**表3**を参照。

表3　法定相続人の範囲と法定相続分

被相続人の配偶者は第1・第2・第3順位の者と並んで常に相続人となる		配偶者の法定相続分	血族相続人の法定相続分
第1順位	被相続人の子／その代襲相続人	2分の1	2分の1を人数で等分する
第2順位	被相続人の直系尊属	3分の2	3分の1を人数で等分する
第3順位	被相続人の兄弟姉妹／その代襲相続人（被相続人の甥姪に限る）	4分の3	4分の1を人数で等分する

発 展 問 題

夫Aと妻X_1は婚姻し，X_1は胎児X_2を懐胎した。Aは踏切事故により，電車に轢過され死亡した。X_1はX_2の代理人として鉄道会社Yに損害賠償請求をした。X_1がX_2の出生前に代理人としてX_2の権利を行使することはできるだろうか。

「胎児は，損害賠償の請求権については，既に生まれたものとみなす」（721条），「胎児は，相続については，既に生まれたものとみなす」（886条1項）という規定の，「既に生まれたものとみなす」とはどのような意味だろうか。これについては2つの理解の仕方がある。

第1に，これらの規定の適用場面においては，あくまで出生前の段階では権利能力は認められず（3条1項の原則を変更せず），しかし，胎児が生きて生まれた場合には，過去に遡って権利能力を取得するとする考えがある。「遡って権利能力を取得する」というのは分かりにくいが，胎児の段階から権利能力があったものと取り扱うということである。要するに事後的に権利能力があったものと法的評価を変更するわけである。これを**停止条件説**という。

第2に，これらの規定の適用場面においては，胎児にも出生前の段階から権利能力を認め，しかし，その後死産した場合には，遡って権利能力が消滅する（死産の場合には胎児の段階から権利能力はなかったものと法的評価を変更する）とする考えがある。これを**解除条件説**という。

両者の考え方の違いは，胎児の段階において，法定代理人が胎児を代理して，胎児の権利の行使や財産の管理・処分を認めうるか否かに影響する。解除条件説では，出生前の胎児の段階で胎児の権利能力を認めうるので，誰かが胎児を代理して権利の行使や財産の管理・処分をすることが理論上可能となる。これに対して，停止条件説では，胎児の段階で胎児の権利能力を認めないので，代理は不可能ということになる。

死産の可能性が低くなった現代においては，出生前の胎児の段階で権利能力を認める解除条件説も有力である。他方で，民法に胎児の間の財産管理について規定が置かれていないことは停止条件説を支持する根拠となる。

　この点について，大判昭7・10・6民集11巻2023頁（**阪神電鉄事件判決**）は，721条は「胎児が不法行為のありたる後，生きて生れたる場合に不法行為に因る損害賠償請求権の取得に付きては出生の時に遡りて権利能力ありたるものと看做さるべしと云ふに止まり，胎児に対し此の請求権を出生前に於て処分し得べき能力を与へんとするの主旨にあらざるのみならず，仮令此の如き能力を有したるものとするも，我民法上，出生以前に其処分行為を代行すべき機関に関する規定なきを以て……」（原文カナ）と判示している。これは停止条件説に則ったものであると理解されている（そのような理解には異論もある）。

> ### テーマ2　制限行為能力者による詐術に基づく取消権の否定
>
> 　新型のノートPC（20万円）が欲しくなった未成年者Aは両親に無断でノートPCを購入した。Aが幼く見えため店員が年齢を確認したところ，Aは事前に用意していた偽造パスポートを見せて店員を成年だと信じさせた。その後，Aは海外旅行に行きたくなり，お金が必要になったので，ノートPCの購入契約をやはり取り消したいと考えた。Aによる取消しは認められるであろうか。

　未成年者が契約をするには，その法定代理人の同意を得なければならない（5条1項本文）。そして，法定代理人の同意を得ないで行った契約は，取り消すことができるのが原則である（同条2項）。しかし，Aは事前に用意していた偽造したパスポートを見せて年齢を確認した店員を欺いている。このような場合にまで取消しを認めるのは行き過ぎであろう。相手の信頼や取引の安全を優先させるべきである。そこで民法は，制限行為能力者が行為能力

者であると信じさせるため**詐術**を用いたときは，その行為を取り消すことができないとしている（21条）。

「詐術」とはどのようなことをいうのだろうか。自分は制限行為能力者ではないと相手方に告げたような場合は，一般的には詐術に当たると考えてよい。

また，法定代理人の同意を得ていると虚偽を述べて相手方を信頼させた場合は21条が類推適用されると考えるべきである。

制限行為能力取消しの規定の存在意義に鑑み，自分が制限能力者であることを単に告げなかった（黙秘していた）ことは詐術には当たらないと考えるべきである。

しかし，黙秘に加え，さらに積極的な言動があった場合はまた別である。判例は，黙秘していた場合でも，それが他の言動などとあいまって，相手方を誤信させ，または誤信を強めたものと認められるときは，詐術に当たるとしている（最判昭44・2・13民集23巻2号291頁）。

第3章　法人

基　本　事　項

第1節　法人総論

1　法人とは

　民法第1編第3章は法人について規定している。法人とは，自然人以外で，法律により権利・義務の主体とされているものをいう。**第2章第1節**で述べ

たように，権利・義務の帰属主体となりうる資格のことを**権利能力（法人格）**といい，法律上，権利能力を有するのは自然人と法人である。

　社会では，自然人とともに町内会や趣味のサークル，会社，政党，労働組合，宗教団体など様々な団体が活動している。営利を目的とする団体もあれば非営利の団体もある。団体が社会で果たしている役割も様々である。団体には，法人と法人格のない任意の団体がある。ある団体に，法人格を付与するかどうかは，国の政策による。権利能力を有しない任意の団体は，権利・義務の主体とはなりえない。しかし，法人格を有しない団体の中には，団体の組織・運営・管理や社会的な実態の点において法人と何ら変わらないような団体もある。たとえ法人でない団体が法人と同じように行動したとしても，その効果は団体には帰属しない。しかし，団体としての活動は，個人の活動とは異なるのであるから，法人にできるだけ近い法的処理を行うことがふさわしい。そのために考案された法理が，**「権利能力なき社団」・「権利能力なき財団」の法理**である。

2　法人の本質論

　自然人でないものが，法人格を取得することの法律的な意味をどのように理解すればいいのか，法人とは結局何なのか（法人の本質）という問題についてはこれまで大きな論争があった（**法人の本質論**）。法人の本質論の議論は法解釈論と関連づけられて展開してきた。

(1)　法人擬制説
　権利・義務の主体は本来自然人のみであり，法人とは法律によって自然人に擬制して権利義務の主体とされたものとする。

(2)　法人否認説
　法人の実体は，自然人または財産にすぎないとする。法人の背後の実体に

着目しており，法人理論を一歩前進させたものと評価されている。

(3) 法人実在説

法人は，擬制されたものではなく，実質的に法的主体となりうる<u>社会的実在</u>であるとする。この説が通説であるとされる。

3　法人の分類

法人の種類には様々なものがある。分類の仕方にも様々あるが代表的な分類をみてみよう。

(1) 公法人と私法人

国や地方公共団体など公法に準拠して公法的事務を行う法人を**公法人**という。これに対して，民法，会社法など，私法に準拠している法人を**私法人**という。

(2) 社団法人と財団法人

一定の人の集まりである「社団」に法人格が与えられている場合を**社団法人**という。社団法人は人が集まってできる法人であるから，**構成員たる社員**の存在を不可欠の要素とする。最高意思決定機関として，**社員総会**がある。業務執行者として**理事**が置かれる。

これに対して，一定の<u>財産の集まりである「財団」に法人格が与えられている場合</u>を**財団法人**という。財産自体を法人として，法人の機関が定款に示された設立者の意思を実現するべく財産の維持・管理・運用を行う。社員がいないため，社員に利益を分配するということもなく，財団法人は常に非営利法人である。

(3) 営利法人・非営利法人

営利法人とは，法人の活動によって得られた利益を構成員に分配することを目的とする法人をいう。営利法人の典型は，株式会社であり，株式会社はその経済的活動で得られた利益を構成員である株主（株式会社の社員）に分配する（剰余金の配当，残余財産の分配）。会社法や商法が適用される。

これに対して，**非営利法人**とは，法人の活動によって得られた利益を構成員に分配することを目的としない法人をいう。一般社団法人，一般財団法人，NPO法人（特定非営利活動促進法）は非営利法人である。

法人が収益を上げる活動をしているかどうかは，営利法人であるか否かとは関係がないので注意が必要である。非営利法人でも原資の獲得などの目的のため収益事業を行うことは珍しいことではない。構成員への利益の分配を行うかどうかにより区別されるのが，営利法人・非営利法人の分類である。

(4) 一般法人・公益法人

一般法人には，**一般財団法人**と**一般社団法人**がある。「一般法人」という概念は，2006年の法人制度改正により新たに創設された。法人の活動によって得られた利益を構成員に分配することを目的としない法人は，事業に公益性がある法人も，ない法人もすべて一般法人である。

公益法人とは，一般法人のうち，特に**公益目的事業**（学術，技芸，慈善その他の公益に関する別表各号に掲げる種類の事業であって，不特定かつ多数の者の利益の増進に寄与するもの）（公益社団法人及び公益財団法人の認定等に関する法律2条4号）を実施することにより，行政庁から**公益認定**を受けた一般法人をいう（同法2条，民法2条）。認定を受けた法人は，公益社団法人，公益財団法人の名称を使用することができる。公益法人や公益法人に寄附を行う者は税制上の優遇を受けることができる。

第2節　法人の設立・管理

1　法人の設立

(1)　法人の設立主義

　法人は，民法その他の法律の規定によらなければ，成立しない（33条1項）。これを**法人法定主義**という（「その他の法律」には，一般法人法，会社法，NPO法など多数ある）。このように，法人は，法律の規定によって成立するものであるから法人の設立のあり方については，国が法人をどのように位置づけようとするかという考え（法人政策）が関わっている。法人の設立に関しては，いくつかの設立形態が存在する。すなわち，**許可主義**，**認可主義**，**認証主義**，**準則主義**，**特許主義**，**当然主義**などがある。

　許可主義とは，法人の設立に主務官庁の許可が必要とする設立方式をいう。許可をするか否かは行政庁の自由裁量による。許可主義よって設立される法人を許可法人ということがある。2006年改正前の民法により設立される法人の設立ではこの方式が採用されていた。

　認可主義とは，法人の設立に主務官庁の認可を必要とするが，行政庁には自由裁量がなく，法が要求する要件を満たせば，認可される設立方式をいう。学校法人や医療法人，社会福祉法人ではこの方式が採用されている。

　認証主義とは，認可主義が緩和された，主務官庁の認証を必要とする設立方式をいう。宗教法人，NPO法人ではこの方式が採用されている。

　準則主義とは，設立手続きが行われ，法が要求する要件を満たせば，設立の登記により，当然に法人になることを認める設立方式をいう。行政庁によるチェックは不要である。会社，一般社団法人・一般財団法人，労働組合，弁護士法人（2001年の弁護士法改正により設立が可能になった）がこの例である。

　特許主義とは，個々の法律により法人の設立を認める設立方式という。こ

の方式で設立された法人を**特殊法人**という。日本銀行法による日本銀行，日本年金機構法による日本年金機構，放送法による日本放送協会がこの例である。

　当然主義とは，法律の要件を満たせば当然に法律の成立を認める設立方式のことをいう。相続財産法人（相続人不明の相続財産を管理するために相続財産を法人とする）（951条）がある。

(2)　一般社団法人の設立

　一般法人（一般社団法人・一般財団法人）の設立・組織・運営・管理については，「一般社団法人及び一般財団法人に関する法律」（一般法人法）に規定されている。一般法人に関する規定は，会社法における株式会社に関する規定に大変類似している。つまり，一般法人法について基本事項をしっかり勉強しておけば，会社法で株式会社について学ぶ際に理解が容易になる。

　一般社団法人の設立には，**定款**（法人の根本規則のことで，国で言えば憲法のようなもの）の作成が必要である。その社員になろうとする者（設立時社員）が，共同して定款を作成し，その全員がこれに署名または記名押印（記名押印とは手書き以外の方法で書かれた自分の名前に，印鑑を押すこと）しなければならない（一般法人法10条1項）。定款は電磁的記録をもって作成することができる（同法10条2項）。

　定款には，①目的，②名称，③主たる事務所の所在地，④設立時社員の氏名又は名称及び住所，⑤社員の資格の得喪に関する規定，⑥公告方法，⑦事業年度を記載・記録しなければならない（同法11条1項）。これらは必ず定款に記載・記録しなければならない事項であるので必要的記載事項と呼ばれる。

　定款は，公証人の認証を受けなければ，その効力を生じない（同法13条）。

　一般社団法人は，その主たる事務所の所在地において**設立の登記**をすることによって成立する（同法22条）。設立登記は一般社団法人の成立要件である。

(3) 一般財団法人の設立

　一般財団法人を設立するには，設立者（設立者が2人以上あるときは，その全員）が定款を作成し，これに署名し，または記名押印しなければならない（同法152条1項）。

　設立者は，遺言でも，一般法人法153条1項各号に列挙された事項および同法154条に規定する事項を定めて一般財団法人を設立する意思を表示することができる。この場合，遺言執行者は，当該遺言の効力が生じた後，遅滞なく，当該遺言で定めた事項を記載した定款を作成し，これに署名し，または記名押印しなければならない（同法152条2項）。定款は電磁的記録をもって作成することができる（同法152条3項）。

　一般財団法人の定款には，①目的，②名称，③主たる事務所の所在地，④設立者の氏名または名称及び住所，⑤設立に際して設立者（設立者が2人以上あるときは，各設立者）が拠出をする財産およびその価額，⑥設立時評議員（一般財団法人の設立に際して評議員となる者），設立時理事（一般財団法人の設立に際して理事となる者）および設立時監事（一般財団法人の設立に際して監事となる者）の選任に関する事項，⑦設立しようとする一般財団法人が会計監査人設置一般財団法人（会計監査人を置く一般財団法人またはこの法律の規定により会計監査人を置かなければならない一般財団法人）であるときは，設立時会計監査人（一般財団法人の設立に際して会計監査人となる者）の選任に関する事項，⑧評議員の選任及び解任の方法，⑨公告方法，⑩事業年度を記載・記録しなければならない（同法153条1項）（必要的記載事項）。

　定款は公証人の認証を受けなければ，その効力を生じない（同法155条）。

　一般財団法人は，その主たる事務所の所在地において**設立の登記**をすることによって成立する（同法163条）。設立登記は一般財団法人の成立要件である。

2　法人の機関

(1)　一般社団法人の機関

　法人の意思決定をし，運営に携わる者を機関という。一般社団法人において，**社員総会**と**理事**は必ず置かなければならない必置の機関である。これに対して，**理事会**の設置は任意であり（同法60条2項），理事会を置かない**理事会非設置一般社団法人**と，理事会を置く**理事会設置一般社団法人**に分かれる。両者の間では機関に関するルールが異なる場合が出てくる。

　監事の設置も原則として任意であるが，理事会設置一般社団法人と**会計監査人設置一般社団法人**は，監事を置かなければならない（同法61条）。大規模一般社団法人（最終事業年度の負債の部に計上した額の合計額が200億円以上である一般社団法人）（同法2条2号）は，会計監査人を置かなければならない（同法62条）。

　役員（**理事・監事**）・**会計監査人**は，社員総会の決議によって選任する（同法63条）。

　一般社団法人と役員・会計監査人との関係は，委任に関する規定に従う（同法64条）。そのため，役員・会計監査人は，善管注意義務（善良なる管理者の注意義務）を負う（644条）。

i　社員総会　理事会非設置一般社団法人においては，社員総会は，一般社団法人に関する一切の事項について決議をすることができる（一般法人法35条1項）。すべての事項について決議ができるので社員総会は「**万能な機関**」といわれることがある。

　しかし，理事会設置一般社団法人においては，社員総会は，この法律に規定する事項及び定款で定めた事項に限り，決議をすることができるのみである（同法35条2項）。機動的な意思決定を行う意図の下，理事会を設置しているからである。

　定時社員総会は，毎事業年度の終了後一定の時期に招集しなければならない（同法36条1項）。

社員は，**各1個の議決権**を有する。ただし，定款で別段の定めをすること
を妨げない（同法48条1項）。

　社員総会の決議は，定款に別段の定めがある場合を除き，総社員の議決権
の過半数を有する社員が出席し，出席した当該社員の議決権の過半数をもっ
て行う（同法49条）。

ⅱ　理事・理事会・代表理事

①理事　　一般社団法人には，1人または2人以上の理事を置かなければな
らない（同法60条1項）。

　理事会非設置一般社団法人においては，理事は，定款に別段の定めがあ
る場合を除き，一般社団法人の業務を執行する（同法76条1項）。理事が2
人以上ある場合には，一般社団法人の業務は，定款に別段の定めがある場
合を除き，理事の過半数をもって決定する（同法76条2項）。

　理事会非設置一般社団法人においては，理事は，一般社団法人を代表す
る。ただし，他に代表理事その他一般社団法人を代表する者を定めた場合
は，この限りでない（同法77条1項）。

　理事会非設置一般社団法人においては，一般社団法人は，定款，定款の
定めに基づく理事の互選または社員総会の決議によって，理事の中から代
表理事を定めることができる（同法77条3項）。

　理事会非設置一般社団法人でも理事会設置一般社団法人でも，**代表理事**
は，一般社団法人の業務に関する一切の裁判上または裁判外の行為をする
権限を有する（同法77条4項）。この権限に加えた制限は，善意の第三者に
対抗することができない（同法77条5項）。

②理事会　　一般社団法人は，**理事会**を置くことができる（同法60条2項）。
理事会設置一般社団法人においては，理事は3人以上でなければならない
（同法65条3項）。理事会は，すべての理事で組織され，①業務執行の決定，
②理事の職務の執行の監督，③代表理事の選定・解職を行う（同法90条1
項・2項）。

　理事会は，理事の中から**代表理事**を選定しなければならない（同法90条

3項）。代表理事は一般社団法人を代表する。

　理事会設置一般社団法人においては，代表理事が業務を執行する。理事会の決議によって業務執行理事として選定された代表理事以外の理事が業務を執行する場合もある。これらの理事は，原則として3か月に1回以上，自己の職務の執行の状況を理事会に報告しなければならない（同法91条）。

・**理事会の招集権者**　　理事会は，各理事が招集する。ただし，理事会を招集する理事を定款または理事会で定めたときは，その理事が招集する（同法93条1項）。

　　理事会の招集権者が定められた場合，招集権者以外の理事は，招集権者に対し，理事会の目的である事項を示して，理事会の招集を請求することができる（同法93条2項）。その請求があった日から5日以内に，その請求があった日から2週間以内の日を理事会の日とする理事会の招集の通知が発せられない場合には，その請求をした理事は，理事会を招集することができる（同法93条3項）。

・**理事会の招集手続**　　理事会を招集する者は，理事会の日の1週間（これを下回る期間を定款で定めた場合にあっては，その期間）前までに，各理事及び各監事に対してその通知を発しなければならない（同法94条1項）。もっとも，理事会は，理事及び監事の全員の同意があるときは，招集の手続を経ることなく開催することができる（同条2項）。

・**理事会の決議**　　理事会の決議は，議決に加わることができる理事の過半数（これを上回る割合を定款で定めた場合にあっては，その割合以上）が出席し，その過半数（これを上回る割合を定款で定めた場合にあっては，その割合以上）をもって行う（同法95条1項）。

　　理事会の決議の決議について特別の利害関係を有する理事は，議決に加わることができない（同法95条2項）。

　　理事会の議事については，法務省令（「一般社団法人及び一般財団法人に関する法律施行規則」）で定めるところにより，議事録を作成し，議事録が書面をもって作成されているときは，出席した理事（定款で議事録

に署名し，または記名押印しなければならない者を当該理事会に出席した代表理事とする旨の定めがある場合にあっては，当該代表理事）および監事は，これに署名し，または記名押印しなければならない（同法95条3項）。

理事会の議事録が電磁的記録をもって作成されている場合における当該電磁的記録に記録された事項については，法務省令で定める署名または記名押印に代わる措置をとらなければならない（同法95条4項）。署名または記名押印に代わる措置とは電子署名のことを指している。

理事会の決議に参加した理事であって議事録に異議をとどめないものは，その決議に賛成したものと推定する（同法95条5項）。

iii **監事・会計監査人**　　一般社団法人は，**監事**または**会計監査人**を置くことができる（同法60条2項）。

理事会設置一般社団法人および会計監査人設置一般社団法人は，監事を置かなければならない（同法61条）。<u>理事会設置一般社団法人は理事に大きな権限が与えられているため，監事を設置して理事や理事会を適切に監査することが必要であるからである。また，会計監査人設置一般社団法人では，会計監査人が理事の影響を受けずに理事を監視するために監事を必置としている。</u>

①**監事**　　<u>監事は，理事の職務の執行を監査する。</u>この場合において，監事は，法務省令で定めるところにより，監査報告を作成しなければならない（同法99条1項）。

監事は，いつでも，理事および使用人に対して事業の報告を求め，または監事設置一般社団法人の業務および財産の状況の調査をすることができる（同法99条2項）。

監事は，その職務を行うため必要があるときは，監事設置一般社団法人の子法人に対して事業の報告を求め，またはその子法人の業務および財産の状況の調査をすることができる（同法99条3項）。子法人は，正当な理由があるときは，この報告または調査を拒むことができる（同法99条4項）。

・**理事への報告義務**　　監事は，理事が不正の行為をし，もしくは当該行

為をするおそれがあると認めるとき，または法令定款に違反する事実もしくは著しく不当な事実があると認めるときは，遅滞なく，その旨を理事（理事会設置一般社団法人にあっては，理事会）に報告しなければならない（同法100条）。監事が認識した事実を理事・理事会が検討する必要があるからである。

・**理事会への出席義務等**　監事は，理事会に出席し，必要があると認めるときは，意見を述べなければならない（同法101条1項）。この場合，監事は，理事の法令定款違反等の事実があると認める場合において，必要があると認めるときは，理事会招集権者たる理事に対し，理事会の招集を請求することができる（同法101条2項）。この請求があった日から5日以内に，その請求があった日から2週間以内の日を理事会の日とする理事会の招集の通知が発せられない場合は，その請求をした監事は，理事会を招集することができる（同法101条3項）。

②**会計監査人**　会計監査人は，一般社団法人の計算書類およびその附属明細書を監査する。この場合において，会計監査人は，法務省令で定めるところにより，会計監査報告を作成しなければならない（同法107条1項）。

(2)　一般財団法人の機関

　一般財団法人は，**評議員**（重要事項の諮問機関），**評議員会**，理事，理事会および監事を置かなければならない（同法170条1項）。一般財団法人は，定款の定めによって，会計監査人を置くことができる（同法170条2項）。大規模一般財団法人（最終事業年度に係る貸借対照表の負債の部に計上した額の合計額が200億円以上の一般財団法人）（同法2条3号）は，会計監査人を置かなければならない（同法171条）。

　評議員は，3人以上でなければならず，一般財団法人又はその子法人の理事，監事または使用人を兼ねることができない（同法173条2項・3項）。

　評議員会は，すべての評議員で組織する（同法178条1項）。

　一般財団法人と評議員，理事，監事および会計監査人との関係は，委任に

関する規定に従う（同法172条）。そのため，<u>評議員，理事，監事および会計監査人は，善管注意義務を負う</u>（644条）。

第3節　法人の能力

　法人は権利能力を有するから，権利義務の主体となることができる。例えば，自然人と同じく法人は所有権の主体となることができるから，法人所有の不動産といったことが観念できる。不動産の登記や銀行預金の名義人にもなることができる。債権者となることもできる。権利だけでなく，義務や責任の主体となりうる。法人が債務者となることもある。<u>法人が負う債務については，法人とは別の人格である法人の構成員が負担することはないのが原則である。</u>したがって，法人の債権者は法人の構成員の財産に強制執行することはできない。

　このような法人の権利能力は，自然人と同じ範囲で認められるものではなく，より限定的である。法人は，自然人ではないから，婚姻，養子縁組をすることはできず，親権や相続権も有しない（性質による制限）。他方で，遺贈を受けることや，成年後見人となることはできる（**法人後見**）（843条4項かっこ書参照）。

　また，法人は法令に基づいて法人格を付与されたのであるから，法令によって権利能力を制限される（**法令による制限**）。権利義務につき，法人は，法令の規定に従う（34条）。

　さらに，法人は，一定の目的のために法人格を付与されたのであるから，「目的」による制限を受ける（**目的による制限**）。法人は定款その他の基本約款で定められた「目的の範囲内」において，権利を有し，義務を負う（34条）。この点，「目的」による制限については，法人の何を制限しているのかについて争いがある。

　第1に，「目的の範囲内」による制限とは，<u>法人の権利能力の範囲を制限したものだという考え方がある</u>（**権利能力制限説**）。通説であり判例（最大判

昭45・6・24民集24巻6号625頁，最判平8・3・19民集50巻3号615頁）である。この説は，法人が一定の目的のために存在していることをその理由とする。権利能力制限説による場合，制限に反した行為は追認の余地なく完全に無効ということになる。なぜならば，権利能力制限説によれば，法人は制限された権利能力の範囲内で権利を有し，義務を負うのであり，目的の範囲外の行為については，その効果が法人に帰属することはあり得ないからである。この説に対しては，目的の範囲外の行為の効果がおよそ法人に帰属しえないとすると，取引の相手方の信頼を害し，取引の安全を害するとの批判がある。

　第2に，行為能力を制限したものだという考え方がある（**行為能力制限説**）。すなわち，この説は，法人はおよそ権利能力を有する一方で，目的による制限は法人がその目的の範囲内でしか行為ができないという意味で，行為能力を制限したものと捉える。

　第3に，法人の理事の代表権を制限したものという考え方がある（**代表権制限説**）。この説は，制限されているのは法人の権利能力ではなく，制限されるのは，法人の理事の代表権（代理権）であるとする。目的の範囲外の行為は，理事の無権代理ということになり，無権代理行為の追認が可能であると捉える。また，表見代理が成立しうることになる。

第4節　一般法人の不法行為責任

1　代表者の行為についての損害賠償責任

　一般法人Ａの代表理事Ｂが法人の職務として関わるＣ社との取引行為において詐欺を働いてＣに損害を与えたとする。この場合Ｃは，ＡとＢに対して損害賠償請求ができる。

　一般法人は，代表理事その他の代表者がその職務を行うについて第三者に加えた損害を賠償する責任を負う（一般法人法78条・197条）。要件として，次の①～③の要件を満たすことが必要となる。

①**法人の代表理事その他の代表者**が行ったこと。なお，法人の任意代理人や被用者の行為については法人の**使用者責任**（715条）が問題となる。

②「**職務を行うについて**」なされた行為であること。「職務を行うについて」なされたかどうかは行為の外形から客観的に判断される（大判大7・3・27刑録24輯241頁，最判昭41・6・21民集20巻5号1052頁）。例えば，法人の代表者が外回り中に窃盗を行った場合は明らかに「職務を行うについて」とはいえない。法人の代表者が代金着服目的で取引を行った場合は，真実としては職務の範囲からは外れるが，外形から客観的に判断し，「職務を行うについて」に当たると考える。このように判断するのは，第三者を保護するためである。なお，公平の見地から，第三者が職務行為に属さないことにつき悪意または重過失であった場合は，法人は責任を免れる（最判昭50・7・14民集29巻6号1012頁）。

③代表者等において一般不法行為の成立要件を満たすこと。実際に行為した者が一般不法行為（709条）の要件を満たすことが必要である。

2　代表者個人の責任

法人が責任を負う場合でも，代表者個人が責任を免れる理由なく代表者個人も709条の責任を負う（大判昭7・5・27民集11巻1069頁）。

第5節　権利能力なき社団・法人格否認の法理

1　権利能力なき社団

⑴　権利能力なき社団とは

法人格がない団体は，それがいくら法人と同様の組織を有し，構成員とは独立して団体としての活動を行っていても，法人と全く同様の法的取り扱いを受けることはできない（33条1項，法人法定主義を参照）。社団としての実

体を有するものの，法人格のない社団は，**権利能力なき社団（法人格なき社団）**と呼ばれている。社団としての実体を有する団体の活動は，法人格を得ていないというだけで，個人の活動とは異なるため，法人と全く同一に取り扱うことはできないものの，<u>できるだけ法人に近づけた法的取り扱いをするのが適切</u>であるといえる。

(2)　権利能力なき社団の要件

　権利能力なき社団といえるためには，実質的に法人と変わらないといえることが必要である。権利能力なき社団といえるための要件につき判例は，<u>①団体として組織をそなえ，②多数決の原則が行なわれ，③構成員の変更にもかかわらず団体そのものが存続し，④代表の方法，総会の運営，財産の管理その他団体としての主要な点が確定していることが必要である</u>としている（最判昭39・10・15民集18巻8号1671頁）。

(3)　権利能力なき財団とは

　拠出された財産が設立者個人から独立し，その管理も組織的に行われているなど財団としての実質を有するが法人格を取得していないものを**権利能力なき財団**という。法的問題点については基本的には権利能力なき社団と同様のことがあてはまる。

2　法人格否認の法理

(1)　法人格否認の法理とは

　法人は構成員や出資者とは独立した別個の法人格を有している（**法人格の独立性**）。しかし，その独立性を強調することが，正義・衡平の理念に反する場合もある。例えば，納税の義務や債務を免れるために，法人を隠れみのにするような場合がある。そのような例外的な場合に，<u>問題となっている法律関係に限って，法人格であることを否定し，妥当な解決を図るという法理</u>

論がある。これを**法人格否認の法理**という。

(2) 法人格否認の法理の類型

　判例は，法人格否認の法理が適用される場合につき2つに類型化している。

　第1に，株式会社とは名ばかりで実質が個人事業であるなど<u>法人格が形骸に過ぎない場合</u>である（**形骸化事例**）。株主総会が開催されていない場合や，会社財産と株主個人の財産とが混同されていることなどが法人格の形骸化を示す事実として挙げられる。

　第2に，債務を免れるために新会社を設立し，旧会社の財産を流用するような場合や，競業避止義務を負っている者がその義務を免れるために会社を設立して，会社を通じて競業をする場合など，<u>法人格が法律の適用を回避するために濫用されている場合</u>である（**濫用事例**）。

　具体的に次の事例について考えてみよう。A会社のBは，Aが賃借している居室の明渡し，延滞賃料等の債務を免れるために，Aの商号を変更したうえ，旧商号と同一の商号を称し，その代表取締役，監査役，本店所在地，営業所，什器備品，従業員がAのそれと同一で，営業目的もAのそれとほとんど同一である新会社Yを設立した。

　同様の事例において判例は，次のように判示している。確かにYは，形式上は旧会社と別異の株式会社の形態をとってはいる。しかし，新旧両会社は商号のみならずその実質が前後同一であり，新会社の設立は，Xに対する旧会社の債務の免脱を目的としてなされた会社制度の濫用であるというべきである。したがって，Yは，取引の相手方であるXに対し，信義則上，Yが旧会社と別異の法人格であることを主張しえず，Yは旧会社のXに対する債務につき責任を負わなければならない（最判昭48・10・26民集27巻9号1240頁）。

テーマ1　法人の政治献金と「目的の範囲内」の判断

　　Ａ株式会社の代表取締役Ｙが会社を代表して政党Ｂに政治献金として350万円を寄付した。Ａ会社の株主Ｘは，政党に対する政治献金は，定款に定める目的の範囲外の行為であり，また，取締役の忠実義務に違反するものとして，Ｙに対してＡ会社が被った損害について損害賠償責任を追求した。

　判例は「目的の範囲内」による制限を権利能力の範囲を制限したものとし，目的の範囲外の法律行為は無効と解する一方で，目的の範囲内か否かの判断に際しては，目的の範囲を営利法人（会社）の場合は，際限なく拡張している。会社は，その事業により収益を上げ，社員に分配することを目的として存在していることから，このように解することは，基本的に肯定されよう。それでは，政治献金を行うことは法人の「目的の範囲内」といえるだろうか。

　判例（最大判昭45・6・24民集24巻6号625頁）は営利法人（会社）につき，目的の範囲をかなり広く捉えている。すなわち，会社は定款に定められた目的の範囲内において権利能力を有するわけであるが，目的の範囲内の行為とは，定款に明示された目的自体に限定されるものではなく，その目的を遂行するうえで直接または間接に必要な行為であれば，すべてこれに包含されるという。必要か否かは，当該行為が目的遂行上現実に必要であったかどうかによって決すべきではなく，行為を客観的・抽象的に観察して判断しなければならないとする。その上で，「会社による政治資金の寄附が，特定の構成員の利益を図りまたその政治的志向を満足させるためでなく，社会の一構成単位たる立場にある会社に対し期待ないし要請されるかぎりにおいてなされ

るものである以上，会社にそのような政治資金の寄附をする能力がないとは
いえない」とした。そして，「会社による政治資金の寄附は，客観的，抽象
的に観察して，会社の社会的役割を果たすためになされたものと認められる
かぎりにおいては，会社の定款所定の目的の範囲内の行為であるとするに妨
げないのである」として政治資金の寄付を目的の範囲内であるとした。

　なお，これに対して，非営利法人（税理士会）の事例において判例（最判
平8・3・19民集50巻3号615頁）は，「公的な性格を有する税理士会が，この
ような事柄を多数決原理によって団体の意思として決定し，構成員にその協
力を義務付けることはできないというべきであり」，「税理士会がそのような
活動をすることは，法の全く予定していないところである。税理士会が政党
など規正法上の政治団体に対して金員の寄付をすることは，たとい税理士に
係る法令の制定改廃に関する要求を実現するためであっても」目的の範囲外
であるとしている。

　非営利法人においては，法人の財政の維持や構成員の人権・利益の保護を
図る政策的必要性が高いといえる。

テーマ2　権利能力なき社団の財産の帰属

　ある大学のA同窓会は数万人の会員を有し，会費を徴収して運営
されている。定例総会を年に1回開催し，そこで選任された会長や役
員を中心にして意思決定を行っており，会員名簿の作成や会報の発行，
講演会の開催などの活動を行っているが法人化はされていない。同窓
会事務所にある会費で購入した事務機器（PC，コピー機，キャビネッ
ト等）の所有権は誰に帰属しているだろうか。会報を印刷する際の印
刷業者との契約当事者は誰か。

1 財産（権利）の帰属

　権利能力なき社団の財産（権利）は誰にどのように帰属しているであろうか。例えば，A事務所にある事務機器が法律上A同窓会に帰属しているということはできない。なぜならば，Aには法人格がなく，権利義務の主体として認められていないからである。そこでAの財産（権利）が誰にどのように帰属しているか問題となる。

　これについては，権利能力なき社団に帰属するとはいえない以上，構成員に共同所有という形で帰属していると考えるしかない。問題はどのような共同所有形態で帰属しているかである。

　判例は，「権利能力なき社団の財産は，実質的には社団を構成する総社員の所謂総有に属するものであるから，総社員の同意をもつて，総有の廃止その他右財産の処分に関する定めのなされない限り，現社員及び元社員は，当然には，右財産に関し，共有の持分権又は分割請求権を有するものではないと解するのが相当である」とし，**総有**という共同所有形態で帰属すると解している（最判昭32・11・14民集11巻12号1943頁）。

【コラム：共同所有の形態】

　詳しくは物権の講義・教科書で学ぶ事柄であるが，総有の概念の理解のために民法上の共同所有の形態について簡単に確認する。

　民法には，共同所有の形態として，**共有，合有，総有**の3つの形態があると言われる。

　共有の例としては，共同相続した土地は共同相続人の共有がある。共有とは，各共有者が持分権を有し，持分を処分（譲渡）したり，分割請求により共有関係を解消することができる共同所有形態である。例えば，AとBが土地を半分ずつで共有している場合，AがCに自らの持分を売却することもできるし，分割請求をし，土地を2つに分割して，共有状態を終わらせることもできる。民法はこの共有のみ明文規定を置いている（249条以下）。

　合有の例としては，組合財産に対する組合員の共有が挙げられる。合有と

は，持分の処分，分割請求が制限される共同所有形態である。潜在的な持分はあるので，共有関係の離脱に際して持分の払戻しが認められる。

　総有とは，各人に持分権が認められておらず，分割請求も認められていない共同所有形態で，目的物の使用・収益ができるだけになっている共同所有形態をいう。持分の払戻しも認められない。

2　債務

　権利能力なき社団が負う債務については，「権利能力なき社団の代表者が社団の名においてした取引上の債務は，その社団の構成員全員に，一個の義務として総有的に帰属するとともに，社団の総有財産だけがその責任財産となり，構成員各自は，取引の相手方に対し，直接には個人的債務ないし責任を負わないと解するのが，相当である」とし，構成員全員に総有的に帰属し，総有財産だけが強制執行の引き当てとなり，構成員は個人責任を負わないとしている（最判昭48・10・9民集27巻9号1129頁）。

3　訴訟行為

　法人でない社団または財団でも，代表者・管理人の定めがあるものは，民事訴訟における当事者（原告・被告）となることができる（民事訴訟法29条）。

4　不動産

　判例は，「権利能力なき社団の資産はその社団の構成員全員に総有的に帰属しているのであって，社団自身が私法上の権利義務の主体となることはないから，社団の資産たる不動産についても，社団はその権利主体となり得るものではなく，したがって，登記請求権を有するものではない」とし，権利能力なき社団名義の登記，代表者の個人名義に肩書を付した登記を否定して

いる（最判昭47・6・2民集26巻5号957頁）。<u>代表者個人名義または構成員全員</u><u>の共有名義による登記をするしかない</u>とされる。

5　銀行預金

　銀行実務上，代表者個人名を併記した権利能力なき社団名義の銀行預金口座の開設が広く認められている。

　以上のように，不動産登記名義以外については，権利能力なき社団に実質的に法人と同様の法的効果が認められており，実質的に法人と同じ法的処遇が与えられているということができる。

第 4 章　物

> ## 基 本 事 項

第 1 節　物の概念

1　権利の客体としての「物」

　民法典は第 1 編総則の第 2 章，第 3 章で「人」および「法人」という権利の主体について規定し，続いて第 4 章では権利の客体である「物」について規定している。権利の客体は「物」に限られるわけではない。例えば，債権の客体は「人の行為」であり，人格権の目的は権利者の人格や生活の利益である。それでは，なぜ民法総則の第 4 章に物権の客体である「物」だけが規定されているのだろうか。物権と共に重要な財産権である債権の客体はたしかに「人の行為」であるが，債権の客体である債権者の行為の目的物は物であることが多いことから間接的には債権の目的物であるともいえる。つまり，

物は債権，物権共通の権利の客体であるということができるのである。

2 物の定義

　「物を大事にしよう」とか「人を物のように扱う」など，物という言葉は私たちの生活において多義的に用いられている。一方，民法においては，物は液体・個体・気体などの**有体物**であると定義されている（85条）。有体物とはどのような意味をもっているのだろうか。ある行為を犯罪として処罰するためには，法令において，犯罪とされる行為の内容，及びそれに対して科される刑罰を予め，明確に規定しておかなければならないとする罪刑法定主義が基本となる刑法とは異なり，民法においては有体物をあまり厳格に定義する必要はない。学説の多くも，五感に触れることができるもので，法律上の排他的支配が可能なものを広く有体物と解している。もっとも，有体物という概念ですべて物を定義できるわけではない。例えば，人はたしかに有体物であるが，その人格性ゆえに「物」ではない（髪，歯などの切り離された身体の一部は物である）。また，月や星などの天体も支配が不可能であるため「物」ではない。

第 2 節　物の分類

1 動産と不動産

　民法は，物を**動産**と**不動産**に分類する。民法において，動産と不動産は著しく異なる扱いを受ける。例えば，動産の公示方法は占有であるのに対して，不動産には登記という公示方法が採用されている。また，そのような公示方法の違いがあるがゆえに，抵当権の設定は不動産に限られる（登記制度が採用されている動産は除く），善意取得（192条）の適用が動産および有価証券に限られるなどの違いが生じる。それゆえに，民法全体の学習を行う上で，不

動産と動産の違いを認識することは重要である。

(1) 不動産

民法は不動産を「土地及びその定着物」と定義している（86条1項）。土地とは，一定の地面とその上下（空中・地下）を含めたものである（207条）。土地は人為的に区分され，一筆を単位として登記されることになる。

定着物とは，土地に直接または間接に固定され，土地と一体となっている物であり，建物が代表的である。その他に，石垣や敷石，線路，鉄管なども定着物に当たる。建物は定着物ではあるものの，土地とは独立した不動産として扱われる。欧米をはじめとした諸外国では「地上物は土地に属する」という原則が確立しており，建物は土地と一体として扱われるので，土地と建物を別異に扱う日本の法制度は独特であるといえる。

立木は本来土地の一部であるが，「立木ニ関スル法律」により樹木の集団については，立木登記という特別の登記を認め，この登記を経た樹木の集団は土地とは独立の不動産として扱われる。また，立木登記をしていない立木であっても，明認方法により土地とは独立した物として扱われるとするのが判例である。

(2) 動産

不動産以外の物が動産である（86条2項）。しかし，動産のなかでも，自動車，船舶，航空機，建設機械などは登録制度によって，その権利関係が公示されうるので，抵当権の対象になるなど不動産に準じた扱いがなされている。また，金銭も特殊な動産として扱われる（下記の**コラム**参照）。

┌─────────────────────────────────
│ 【コラム：特殊な動産としての金銭】
│　貨幣には，高度の代替性があり，個性をもたない抽象的な価値そのものである。そして転々と流通するため，特定の持主が持ち続けるということを想定していない。そのため，他の動産とは異なる取り扱いを受ける。具体的に

は，金銭を占有している者に所有権が認められるのである。つまり，金銭を盗まれた場合に，その盗んだ者が占有者であり，それゆえに所有者になってしまうので，盗まれた者は盗んだ者に対して所有権に基づく返還請求ができない。ただし，それは所有権に基づく返還請求という構成によって，お金を取り戻すことができないという意味であり，不法行為に基づく損害賠償請求(709条)，不当利得返還請求（703条）という別の手段によって取り戻すことは可能である。また，盗まれたお金そのものではなく，3万円という価値の金銭を返還せよという価値の返還請求権という構成を認める見解もある。

【コラム：暗号通貨の法的性質】

　ここ数年しばしば話題となっているビットコインといった暗号通貨は民法上の「物」といえるだろうか。そもそもなぜこのことを問題とする必要があるかというと，例えば，何らかの形で，暗号通貨が盗み出されたとき，民法上の「物」であれば，その上に物権（所有権）が成立し，その権利に基づいて返還請求ができる。しかし，暗号通貨はネット上に存在するデータに過ぎない以上，有体物ということはできない。したがって，民法上の「物」ではない。資金決済法という法律で，暗号通貨は「経済的価値」であると位置づけられたが，それが結局のところ，民法上何を意味するのかは，今日でも様々な議論がなされている。ただし，機能的な面から見ればそれは金銭に近く，金銭に関する従来の議論が参考になる場面もあるのではないかと思われる。

2　主物と従物

　独立の物ではあるが，一方の物の社会的効用を補う関係にある場合に，前者を**主物**，後者を**従物**という。具体例として，刀（主物）と鞘（従物），家屋（主物）と畳・建具（従物）などの関係が挙げられる。従物は主物の処分に従うとされる（87条2項）。つまり，主物である刀を譲渡すれば，従物である

鞘も付いていくという意味である。ただし，これは当事者間に主物と従物の関係についての合意がない場合の任意規定であり，当事者間で「主物は処分するが従物は処分しない」との別の合意があればそれが優先する。

3 元物と果実

物から産出される経済的利益を**果実**，果実を産出するものを**元物**という。日常用語として，果実とはリンゴやみかんなどのフルーツを意味することが多いと思われる。たしかにリンゴやみかんは木という元物から生じる果実であるのだが，民法において果実とは元物から産出される経済的利益の総称である。

(1) 天然果実

果実は，**天然果実**と**法定果実**に分類することができる。物（元物）の用法に従って収益される産出物が天然果実であり（88条1項），植物の果実，牛乳，羊毛，畑の野菜などの有機的産出物や鉱区から産出される鉱物もこれに当たる。

果実は元物から分離するまでは元物の一部であり，分離してはじめて独立した物となる。では，分離された果実の所有権の帰属はどうなるのだろうか。天然果実の場合は，当事者に合意がなければ，果実が元物から分離するときに収取権を有する者に帰属する（89条1項）。

(2) 法定果実

物の使用の対価として受ける金銭その他の物が法定果実であり（88条2項），不動産を賃貸した場合の賃料や債権の利息などがこれに当たる。法的果実の帰属については，これを収取しうる権利の存続期間に応じて日割りをもって取得する（89条2項）。例えば，月額10万円の賃料でAがBにアパートを賃貸していて，そのアパートを月の半ばでAがCに譲渡した場合には，AとCがBからの賃料5万円ずつを取得することになる。

第5章　法律行為

基　本　事　項

第1節　法律行為

1　法律行為とは

⑴　法律行為の意義

　民法第1編第5章は「法律行為」について定めている。では**法律行為**とはいったいどのような行為なのだろうか。法律行為とは，人が自分の意思に基づいて何らかの権利関係を作り出す行為をいう。例えば，自動車が欲しいと

考え，販売店で好きな車種を自分で選んで，購入したとしよう（こうした物の売り買いに関する**契約**を売買契約という）。売買契約は法律行為の一種であるが，契約が成立すると，買主には販売店に対して自分が選んだ自動車を引き渡すよう請求できる権利（**引渡債権**という）が発生し，販売店には売主との間で取り決めた額の代金を支払うよう請求できる権利（**代金債権**という）が発生する。このように買主（と販売店）の意思に基づいて権利（義務）が発生する。こうした行為が法律行為である。

(2) 私的自治の原則

　このことは，別の観点から見ると，民法は，人が自らの自由な意思に基づいて法律関係を形成できることを原則としているともいえる（自由な意思に基づかずに法律行為をしてしまった場合については本書**第6章**参照）。こうした原則を**私的自治の原則**という。契約の相手方や内容は，契約当事者が自由に決められるのが原則であるが（例えば，上の例で言えば，どの販売店で買うか，車種や代金をどうするかなど），そうした自由を**契約自由の原則**と呼ぶ（2017年改正で521条に明文化）。これは私的自治の原則の契約の場面における現れである。

　この「法律行為」は，権利変動を生じさせようとする**意思**（民法上こうした意思を**効果意思**と呼ぶ）の表明である**意思表示**（詳しくは本書**第6章**）の向かう方向や数に従い，**契約**，**合同行為**，**単独行為**の3つに分かれる。民法はこれら行為に共通する規定では，「法律行為」という文言を用い（例えば90条〜92条），特に必要がある場合に限り，「契約」や「単独行為」という文言を使うことによって（例えば113条・115条・118条など），条文の簡素化を図っている。

2　法律行為の分類

(1)　法律行為の分類

i　契約　　次に，契約，合同行為，単独行為の各特徴についてみていくと，まず，契約とは，<u>2つ以上の意思表示の合致により成立する法律行為である</u>。贈与や売買，賃貸借などがその例である。これらの契約類型（民法上13種類ある）については債権編の契約の各規定に詳しいルールが定められている。

ii　合同行為　　合同行為とは，複数の意思表示が同一の目的のためになされることにより成立する法律行為である。一般社団法人の設立がその例である。複数の意思表示が主要な点において一致することに関しては契約と共通するが，契約の場合，意思表示の方向が互いに相手方に向いているのに対して，<u>合同行為の場合には同じ目的に向かって意思表示がなされる</u>。したがって，契約の場合，1つの意思表示の効力が否定されるならば，その契約の効力も当然に否定されることになるが，合同行為の場合には，1つの意思表示の効力が否定されても，必ずしも，合同行為自体の効力の否定には直結しない（例えば社団設立メンバーの1人の意思表示が取り消されたとしても，残りのメンバーで社団が設立される）。

iii　単独行為　　単独行為とは，<u>1個の意思表示だけで成立する法律行為である</u>。取消し，解除，遺言がその例である。単独行為に関しては，相手方のいる単独行為（取消し，解除）と相手方のいない単独行為（遺言）がある。取消し，解除に関しては，相手方にその意思表示が受領されて初めて効力が生ずる。これに対して，遺言に関しては，<u>遺言者の死亡によって効力を生ずる</u>（985条1項）。つまり，受遺者の承諾は必要ではなく，仮に遺言の事実を知らなかったとしてもその効力を生ずる。

(2)　「法律行為」ではない「法的な」行為

　前述のように法律行為とは意思表示を必ず「核」としている。したがって，何か法的な意味を持つ行為であっても，「意思表示」が含まれていないもの

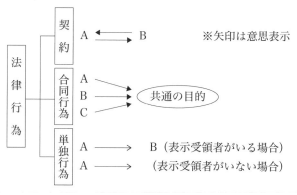

図1　法律行為

は「法律行為」ではない。そうした観点から，法的な行為ではあるが，「法律行為」ではないものとして次の2つがある。

i　事実行為　　例えば，交通事故により加害者が被害者に怪我を負わせた場合，709条により加害者に損害賠償義務（被害者には損害賠償請求権）が発生する。これは違法な権利侵害（＝不法行為）という事実からそうした義務が発生するのである。このように人の精神作用の表現（＝意思表示）に基づくことなく法律効果を発生させる行為を**事実行為**という。法律行為が人の意思を法律効果発生の源泉とするのに対して，事実行為は，法律が特定の事実に対して法律効果を与えるものである点に違いがあり，事実行為には法律行為に関する規定の適用はない。

ii　準法律行為　　法律行為においては意思表示の内容に対応した権利変動が生ずる。これに対して，行為の中に意思的要素が含まれているが，それに従って効果が認められるのではなく，法が独自の観点から法律効果を認めたものがある。こうしたものを**準法律行為**という。例えば代金を支払わない相手方に対して「○月○日までに100万円支払え。さもなければ契約を解除する」という通知をしたが，相手方が定められた期間内に履行しなかった場合に541条という「法律の規定」に従って債権者に解除権が発生する。

iii　法律行為と準法律行為　　このように，法律行為と準法律行為には違い

が存在するが，当事者の意思や精神作用が存在し，それが外部に表示される点では共通している。

そこで，行為能力に関する規定は，制限行為能力者を保護するための規定であるから，準法律行為にもそれが当てはまる場合には類推適用すべきこととなろう。また意思の不存在・瑕疵ある意思表示に関する規定は，そうした意思表示をした者の保護を目的とすることから，それらの規定の趣旨が準法律行為にも当てはまる場合には，可能な限り類推適用が認められるべきこととなる。

第2節　法律行為の有効性

1　法律行為の有効要件と成立要件

ある行為が法律行為と呼ばれるに値するだけの最小限の外形的ないし形式的要件を，その**成立要件**という。当事者の存在および法律行為を組成する意思表示の存在が，ともかくも外形的に覚知されうることが，法律行為一般に共通の**成立要件**である。例えば，契約であれば，（内心はともかく）契約書やお互いが交わした文言が主要な点において不備なく一致していることである。

こうして成立した法律行為であっても，その効力が覆されることがある。成立した法律行為の効力を妨げる場面を規定したものを成立要件と区別して**有効要件**という。この**有効要件**は法律行為一般に関するものと意思表示に関するものに分かれるが，とくに法律行為に関するものが，法律行為の**適法性（強行規定違反）**と**社会的妥当性（公序良俗違反）**である（意思表示に関する有効要件については本書**第6章**で見ていくことにする）。

ここまで述べてきた法律行為の成立要件と有効要件をまとめると，**図2**のようになる。

2 強行規定違反

(1) 強行規定とは

法律行為，特に契約の内容は，当事者の自由に委ねられている（前述の契約自由の原則）。しかし，社会の基本的秩序に反するような内容の法律行為に国家が助力することはない（例えば殺人契約など）。このような意味で，後述の90条には**公序良俗**に反する法律行為の**無効**が規定されている。また，民法その他の法律に

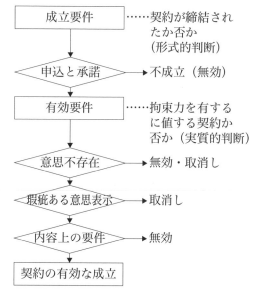

図2　法律行為（契約）の成立要件と有効要件

は「公の秩序」に関する具体的な規定が多数あり，これに反するときもまた法律行為は無効である（例えば175条など）。こうした規定を**強行規定**とよぶ。強行規定違反に基づく法律行為が無効であることの根拠について民法は明確には定めていないが，学説では，90条を根拠とする説と91条の反対解釈を根拠とする説，いずれの規定も根拠とはならず「書かれざる原理規定」であるとする見解の3つがある。この問題は単に説明の仕方の違いではなく，708条の「不法」が公序良俗違反に限られるのか，強行規定違反も含むのかという問題と関連している。

(2) 強行規定と任意規定

私的自治の原則からは，当事者が自由に契約内容を決めることができるが，しかし，争いのある事項について何も定めていない場合もある（例えば，荷物の運送料をどちらが負担するかなど）。そうした部分を補充する役割を果た

すのが**任意規定**である（なお当事者の取り決めはあるものの不明確であった場合の解決方法については【発展問題】テーマ１　法律行為の解釈）。**任意規定**の役割がそのようなものである以上，これと異なる意思表示をすることは何ら問題がない。したがって**任意規定**は「守らなくともよい法律」ともいうことができる。債権編の規定はほぼこの任意規定である（例えば，573条・574条参照）。

> 【コラム：任意規定の半強行規定化】
>
> 　ところで，消費者契約の分野においては，近年，任意規定に新たな役割が与えられている。例えば，消費者契約法10条は，任意規定の内容に比して契約内容が消費者にとって不利な場合で，それが信義に反する場合には，その消費者にとって不利な部分を無効とすることができる旨定めている。これは，任意規定をいわば「半強行規定化」するものであり，任意規定に契約内容の単なる補充以上の役割を与えるものである。

(3)　強行規定と任意規定の区別の基準

　ではどのようにして，問題となっている規定が**強行規定**か**任意規定**かを見分けて行けばよいだろうか。物権編や親族編・相続編の規定はおおむね強行規定であるのに対して，債権編の規定には任意規定が多く存在する。また，当事者の一方の保護のために，特別法が**強行規定**を定めている場合もある。例えば，借地借家法30条は借家（借地）人に不利な特約の無効を規定している。

　i　規定の文言による区別　　このようにそれぞれの分野において一定の傾向はあるものの**任意規定**と**強行規定**は民法の中に混在している。しかし規定の文言から判断できる場合がある。例えば，規定に「することができない」「無効とする」などの文言がある場合には強行規定である（175条，利息制限法１条１項など）。これに対し，当事者の意思を尊重する文言（484条以下の「別段の意思表示がないときは」という文言や「当事者の意思に従う」という文言

など）が存在する場合には任意規定である。なお，借地借家法16条は，借地借家法10条・3条・14条と異なる当事者間の特約につき「借地権者又は転借地権者に不利なものは無効とする」とする。つまり，借地権者等に有利な特約は無効とならず，不利な特約だけ無効となる。こうした規定を**片面的強行規定**と呼ぶ。

ⅱ　規定の文言からは判別できない場合　　規定の文言から判別できない場合には規定の趣旨による（組合からの任意脱退を定める678条につき最判平11・2・23民集53巻2号193頁）。なお従来，私的自治による法律関係の形成を認めるための前提となる事項に関する規定（3条・4条以下，93条以下），第三者の権利義務にかかわる事項を規律する規定（物権法の大部分や第三者保護規定〔93条2項等，109条以下など〕），弱者保護に関する規定（借地借家法等）はいずれも**強行規定**であるとされてきた。しかしそのように理解されてきたものの中にも，近年，見直しが検討されているものも存在する。

(4)　脱法行為

　形式上，強行規定に違反しているわけではないが，実質的には違反する法律行為を**脱法行為**という。例えばかつて恩給を受ける権利を担保にして金を借りることが法律により禁止されていたが（恩給法11条），金を借りるかわりに，恩給の受領権限を貸主に委任し（643条），貸主がその権限に基づき受領した恩給から，債務の弁済への充当が行われるということがなされていた。なおこの委任は元利の完済まで解除できない（不解除特約）。これでは現実には，恩給を担保に金を借りているのと同じであることからその効力が問題となった。当初これを脱法行為として判例は無効としていたが，大判昭16・8・26民集20巻1108頁は，取立委任自体は脱法行為とは言えないが，不解除特約は公序良俗に反し無効であるとした。

　また，譲渡担保も問題とされた。譲渡担保とは，債務者が債権者から金銭を借り受けるのと引き換えに，債権者に担保物の所有権を移転し，もし借りた金を完済できれば，所有権を戻す契約である。しかし目的物を債務者が占

有し続けることができるとされており，その点で，実質的には345条に反する。そこでその効力が問題となったが，民法の不備を補う合理的でやむを得ない担保であることから，大判大3・11・2民録20輯865頁等は，譲渡担保を慣習法上の物権と認め，脱法行為に当たらないとした。

近時では，不公正な消費者契約を封じるために様々な立法がされることが多い反面，その脱法行為も目立つようになった。例えば，昭和63年以前の訪問販売法においては同法11条の規制対象である連鎖販売取引の対象が「再売買」（マルチ商法）に限定されていたため，販売委託や顧客紹介の形式による連鎖販売（マルチまがい商法）が横行した。下級審ではこうした取引を90条違反により無効としたものがある（神戸簡判昭60・8・28判タ577号53頁等）。

3　取締規定違反

(1)　取締規定違反とは

免許制度のように行政上の政策に基づいてある一定の取引を取り締まる法律を**取締規定**と呼んでいる。こうした**取締規定**には罰則等の規定はあるものの私法上の効果が明記されていない。ではそれに反する取引は，無効だろうか。例えば，食品衛生法では牛肉を販売するには知事の許可が必要であると定めており，これに違反すると刑罰が科せられる。取締規定は一見「公の秩序に関する法律」に見えるため，こうした取引は無効にすべきとも思われる。しかし，業者が処罰されるのはよいとしても，その業者から肉を買った顧客との取引まで直ちに無効とすべきだろうか。また肉を受け取った後「無許可営業している業者に金は払わない」という主張を顧客に認めることは妥当であろうか。

そこで判例は上記の食品衛生法違反の事例について，「同法は単なる取締法規にすぎないものと解するのが相当であるから，上告人が食肉販売業の許可を受けていないとしても，右法律により本件取引の効力が否定される理由はない」として取締規定に違反しても直ちに法律行為が無効になるわけでは

ないとした（最判昭35・3・18民集14巻4号483頁）。

　しかし，他方で判例の中には，商品取引所の取引員（免許制）が，その名義を取引員でない者に貸して取引させる契約を無効としたものがある（大判大15・4・21民集5巻271頁）。こうした違いはどこから生ずるのだろうか。

(2)　無効の判断基準

　従来から，学説は規定に違反しても法律行為の効力に影響を及ぼさないものを**単なる取締規定**（狭義の取締規定）と呼ぶ一方で，規定に反する法律行為を無効とするものを**効力規定**と呼び区別してきた。両者の区別は，規定の目的，違反行為の悪性の程度，当事者における信義・公平，第三者および取引社会に及ぼす影響などを総合的に考慮して行う。具体的に見ていくとおよそ次のようになる。

　①免許制度が存在する場合，免許を有する者Ａがその名義を他人Ｂに貸し出し，Ａの名義で取引することを許す契約は無効とすべきである。そうしないと免許制度の意味が失われるからである（前掲大判大15・4・21のほか，大判昭19・10・24民集23巻608頁）。ただし，Ｂが第三者Ｃとした契約を直ちに無効とする必要はないだろう。

　②次に，無許可営業の場合については，商品や労務を受け取る前か後で区別することが考えられる。つまり，例えば前述の食品衛生法違反の例において，肉を受け取る前であれば，その契約を無効とすることは法の趣旨に最も合致するが（この場合有効としてしまうと肉の履行請求が可能となってしまう），受け取った後にこれを無効とすることは取引の安全を害したり，あるいは買主が望外の得をして不公平が生ずることから，無効とすべきではない（前掲最判昭35・3・18は買主が商品を受け取っていたケース）。

　③しかし，有毒性物質を含んだ食品の売買のように，それが流通することを阻止するために法の趣旨を貫いて，仮に商品を受け取った後であっても無効とすべき場合もある。例えば，最判昭39・1・23民集18巻1号37頁（有毒アラレ事件）は，有毒性物質が混入したアラレを製造業者が販売した事案に

ついて，取締法規に違反することに加え，当事者の意図や，取引の継続，一般大衆への影響等を総合的に判断した結果そのような取引は90条に違反すると判断した（そのほかに弁護士法に違反した債権取立委任のケースにつき同様の判断を下した判例として最判昭38・6・13民集17巻5号744頁がある）。

(3)　無効とされる場合の根拠規定

さて，前述の有毒アラレ事件では，取締規定に違反する契約を無効にする際の根拠条文は後述の90条であった（そのほかに大判大8・9・25民録25輯1715頁，大判昭4・12・21民集8巻961頁）。しかしその後，取締法規そのものを根拠とし（実際には91条の反対解釈），例外的に90条を根拠に無効を認める見解が通説化した。これは，効力規定も，強行規定と同様に91条の反対解釈によって違反行為の無効を根拠づけようとする立場であった。

しかしこの説によっても，結局は，法規に私法上の効力が明記されていない以上，総合判断の結果，効力規定とされたものについて，91条の反対解釈による根拠づけを行っているにすぎない。そして，そうした総合判断による法律行為の効力の有無を判断する方法は，公序良俗違反の判断方法と同じである。そこで，効力規定や強行規定違反の効力を90条から導き出す見解が近時では有力である。

4　公序良俗

(1)　公序良俗の概念

法律行為が「公の秩序又は善良の風俗に反する」場合は無効である（90条）。この「公の秩序又は善良の風俗」を略して「**公序良俗**」と呼んでいる。なお改正前の民法90条には「反する事項を目的とする」という文言が存在した。しかし，ある法律行為が公序良俗に違反するか否かを判断する際には，法律行為の内容だけでなく法律行為がなされた状況も考慮要素とされることから（そうした傾向は特に財産的秩序に反する行為の判断においてみられる），

「事項を目的とする」という文言が削除された（なお内心に不法な動機を持って法律行為を行う場合については【発展問題】テーマ3　動機の不法）。

　では一体何が「公序」で何が「良俗」なのかというと，民法典制定当時は，「公の秩序」とは国家・社会秩序を意味し，「善良の風俗」とはおもに家族秩序や性的道徳を意味すると考えられていた。そして，法律行為においては当事者の意思が第一に重視されることから，これが公序良俗に反し無効とされる場面を極めて制限的に理解していた。

　しかし，後の学説は，公序と良俗を区別せず，両者をあわせて「公序良俗」と呼ぶようになり，その意味するところを単に「社会的妥当性」と理解するようになる。そして，公序良俗は，法を支配する原理の1つとされ，私的自治や契約自由に優先するものと考えられた時代もあった。こうした「公序良俗」観の変化により，90条は具体的事案に応じて，社会的妥当性を欠く法律行為を修正するための原理としてその適用領域を拡大させることとなる（特に後述の財産的秩序に反する行為への適用領域の拡大）。

(2)　公序良俗の類型

　90条を適用して法律行為を無効にした判例は無数に存在する。それらは大きく分けて，以下の3つに分類することができる。ただし，以下の類型はあくまで判例の検索のための見出しであって，新たな問題が生じた際に，以下の類型に当てはまらないからといって公序良俗違反にならないという趣旨のものではない。

i　倫理的秩序に反する行為　　古くは，配偶者のある者と，それを知っている第三者との間で結ばれた，将来婚姻をする旨の予約，およびそれに基づき婚姻・入籍するまで扶養料を支払う旨の契約を公序良俗に反し無効とした判例がある（大判大9・5・28民録26輯773頁）。

　なお不倫関係は家族秩序を破壊する行為ではあるが，それを基礎とした法律行為が必ずしも公序良俗に反するとは限らないとされた例もある。例えば，AとYは不倫関係にあり，Aが「Yに自分の財産の3分の1を遺贈する」

旨の遺言書を作成したところ，Ａの相続人Ｘら2名が当該遺言の無効を求めて訴えたという事案につき，「本件遺言は不倫な関係の維持継続を目的とするものではなく，もっぱら生計を亡Ａに頼っていたＹの生活を保全するためにされたものというべきであり，また，右遺言の内容がＸらの生活の基盤を脅かすものとはいえない」として，本件遺言が民法90条に違反しないとした（最判昭61・11・20民集40巻7号1167頁）。

ⅱ　自由や人権を害する行為　　戦前から戦後にかけて，16歳に満たない少女が酌婦として稼働する旨の契約，およびこれに伴う消費貸借契約・連帯保証契約の効力が問題となった。そこでは，少女は親の借金を完済するまで，稼動契約から長期間解放されず，実際には人身売買とも言える内容の契約であった。戦前は，父親への貸付と娘の稼動契約を区別し後者のみ無効としていたが，戦後になって両者の一体性を重視して契約の全部を無効とした（最判昭30・10・7民集9巻11号1616頁）。なお，そうなると元本を一括で返還しなければならない義務が発生しそうであるが，708条により返還を免れる。また，女性は結婚したら当然に退職するという「結婚退職制」や女性のみ定年を若く設定する「若年定年制」を採用する企業が存在した。これらは憲法14条の法の下の平等の趣旨を無視するものであるが，憲法は国家と国民の関係を規律するものであるから，憲法を直接，私法領域に適用することはできない。そこで，90条が用いられ，無効が認められた（最判昭56・3・24民集35巻2号300頁）。また，退職後一定期間同業に服することを禁止する義務が課される場合があるが（「競業避止義務」という），地域に限定がなく，また長期間にわたる場合には，職業選択の自由を制限することになり，公序良俗に反し無効とされる場合もある（最判昭44・10・7判時575号35頁）。

ⅲ　財産的秩序に反する行為　　この類型は立法当時予定されていなかった。しかし現代的な公序良俗論の中では主たる適用場面といってよいほど，その重要性を増している。この中もさらに，①経済取引秩序そのものに対する侵害となる行為と（談合がその例として挙げられる〔東京高判昭56・2・17判時999号58頁〕），②経済活動の行き過ぎから被害者を救済するものに分かれる（た

だし②についても①の性格が全く無いわけではない）が，主として②の領域の拡張が顕著である。

②について判例は，まず「他人の無思慮・窮迫に乗じて不当の利を博する行為」である「暴利行為」の無効を認めた（大判昭7・6・6民集11巻1115頁）。ここでは，「他人の無思慮・窮迫」という被暴利者側の事情と，それに「乗じて」という暴利者側の主観（なお両者を合わせて「主観的要件」と呼ばれる）と，暴利者が「不当の利を博する」という客観的要件が要求されている（なお民法改正で明文化が検討されたが，産業界の反対にあい見送られた）。そしてこの暴利行為論の下，例えば，100万円の貸金担保のために1,000万円の担保物を提供させ，その差額をも「丸取り」する契約につき暴利行為に基づく無効を認めていた（最判昭38・1・18民集17巻1号25頁。ただし今日では仮登記担保法3条で清算義務が課されており問題とはならない）。

そして1980年代以降に入ると消費者保護の場面で上記のような当事者の主観的態様や取引の状況などを考慮することを通じて，民法90条が柔軟に活用されるようになる（現代的暴利行為論と呼ばれることがある）。例えば近時では，認知症の高齢者の判断能力の低下に乗じてなされた不公正な土地の売買（大阪高判平21・8・25判時2073号36頁），自社の商品を従業員に大量に購入させ，支払い能力を超える債務を負わせる契約（大阪地判平20・1・30判時2013号94頁），いわゆる「デート商法」（最判平23・10・25民集65巻7号3114頁。ただしクレジット会社に払った既払い金の返還は否定）の各場面で裁判所は暴利行為論の定式を柔軟に活用し契約の無効を認めている。雇用者である飲食店との間で被用者であるホステスが客の飲食代金債務を保証する，いわゆる「ホステス保証」に関しては，「その内容においてホステスに苛酷な負担を強いるものであり，ホステスにとって店の側の飲食代金回収の便宜を目的とするこの約款を雇用契約締結時に拒否しうる可能性はほとんどない」との理由から保証契約の無効を認める裁判例が存在する一方（東京地判昭59・1・30判時1129号73頁），ホステスが独自の客という無形の財産を維持して自己の収入源を確保する必要から自己の判断で保証契約を締結したという面も否定しえ

ないという点から「経営者が雇主たる地位を不当に利用し，被用者たるホステスの無思慮，無経験，窮迫に乗じて不当な利益を博するため，客に関する本件保証契約を締結させたとは解し難」いとの原審の判断を支持した最判昭61・11・20判時1220号61頁もある（近時同様の判断をした判決として東京地判平22・3・9労判1010号65頁参照）。

(3)　公序良俗の判断基準時

　行為時には「公の秩序」に反しなかった法律行為が，後にこれに反すると評価されるに至った場合，どの時点を基準に法律行為の有効性を判断すべきかが問題となることがある。

　かつては証券会社が，資産運用を受託する際に運用益が目標に達しない場合にはその差額を顧客に対して支払うとの契約が締結されることがあった（損失保証契約）。こうした損失保証は，必ずしも強く非難に値するものとは認識されていなかったものの，1989年以降，証券取引の公平性を害するものとして損失保証が社会問題化し，1991年の証券取引法改正では罰則をもって禁止されるに至る。こうした中，1985年に損失保証契約を締結した顧客が同契約に基づき債務の履行を求めた事件について，最判平15・4・18民集57巻4号366頁は，「法律行為が公序に反することを目的とするものであるとして無効になるかどうかは，法律行為がされた時点の公序に照らして判断すべきである。けだし，民事上の法律行為の効力は，特別の規定がない限り，行為当時の法令に照らして判定すべきものである」として，伝統的な判例理論に従い（最大決昭35・4・18民集14巻6号905頁参照），本件損失保証契約を有効とした（ただし本判決は履行請求までは認めていない）。

(4)　公序良俗違反の効果

i　無効とその種類　　ある行為が公序良俗違反とされた場合の効果は**無効**である。ここでの無効は，本来は誰からでも主張でき，かつ法律行為の全部についての無効を意味する（絶対的無効という）。ただし，これまで見てきた

ように公序良俗違反には様々な類型が存在し，それに応じて様々なタイプの無効が認められている。財産的秩序に反する行為，特に，暴利行為に関しては，被暴利者の側からのみ無効の主張を認めればよく（相対的無効），無効の範囲も，場合によっては給付の過大な部分についてのみ認めれば足りる場合もある（量的な一部無効）。また，不当な条項の規制に公序良俗が用いられる場合には，契約全体の無効まで認める必要はなく，問題のある条項のみを無効とすればよい場合もある（質的な一部無効）。

ii 不法原因給付　法律行為が無効となった後，既に目的物を給付しているは場合には，さらにその返還が問題となるが（不当利得返還請求），その際に，公序良俗違反行為は，708条の「不法」に該当するかが問題となる。例えば，高利貸しが利息制限法をはるかに超える利率で消費者に金を貸し付けいて，この取引が公序良俗に反するとされた場合，708条の「不法」に該当するならば，消費者は受け取った元本を返還しなくてよくなる。

　不法の原因について判例は古くから，原因行為が公序良俗に反する事項を目的とする場合をいい，法律の規定に反する場合すべてを含むものではないとしていた（大判明41・5・9民録14輯546頁）。その後，単に強行規定に反しているのみならず，その社会において要求される倫理，道徳を無視した醜悪なものがここでいう「不法」であるとする（最判昭37・3・8民集16巻3号500頁）。単なる強行規定違反を不法原因給付としてしまうと，かえって，国家が禁圧しようとした契約にかかる利益が維持されてしまうことになるからである。

発　展　問　題

1　法律行為の解釈とは

　ある法律行為をめぐって紛争が生じた場合，当事者が法律行為において設定した規範（＝ルール。契約であれば契約内容）が紛争解決の基準となる。そこで法律行為をめぐる紛争の解決のためには，まず，法律行為の内容の確定が必要である。こうした作業を**法律行為の解釈**という。仮に，解釈を尽くしてもなお法律行為の意味内容が確定しえない場合には，法律行為は無効となる。法律行為は権利義務関係を創設するものである以上，どのような権利義務が生ずるか裁判官に明らかでないものに，法律行為としての効力を与えることはできないからである。

2　狭義の解釈

では法律行為の解釈は実際にどのようにして行われるだろうか。法律行為

は当事者が自らの意思に基づいてその権利関係を定めるものである。そのため，法律行為の内容は，主としてその構成要素である意思表示の内容によって定まる。したがって，法律行為の解釈においては，まず，争いの対象となっている部分について当事者のした意思表示が何を意味しているかを確定しなければならない。こうした意思表示の意味を発見する作業を「狭義の解釈」という。この狭義の解釈をめぐっては，学説上，従来から表示をその受け手の信頼を重視して一般的意味（辞書的意味等）に従って解釈すべきとする表示主義と表意者の内心の意思に従い解釈すべきとする意思主義が対立してきた。両者の違いは，次のような場合に現れる。

判例は古くから使用された言葉の辞書的意味に縛られずに，契約を取り巻く諸般の事情を考慮して判断すべしとしてきた（大判昭 8・11・24大審院裁判例 7 巻民267頁）。近時でも，コンビニの加盟店が本部に収める売上金の一部を決める際の計算方法において，「売上金」という言葉の意味について本部と加盟店の間に理解の相違が存在した事案について，原審は加盟店側の主張に従い一般会計上の意味に解釈したのに対して，上告審では契約締結過程の状況などから本部側の主張する意味（コンビニ業界で通用していた意味）に解釈した判例がある（最判平19・6・11判時1980号69頁）。

したがって，本事例の場合，判例の立場に従うと，例えば，契約書に記載されたほかの契約内容や契約交渉過程におけるやり取りなどを総合的に判断して，契約対象である「建物」を甲か乙のいずれかに確定することになる。諸般の事情を考慮してもなおここで言う「建物」の意味が確定しえない場合には，その法律行為は無効となる。

3　法律行為の補充と修正

ところで，契約当事者は契約を締結する際に将来起こるすべての事態を予想することはできない。したがって，問題が発生したときに，その点について合意が無い場合もある。こうした場合に狭義の解釈を行うことには意味が

ない。そこでそうした契約の欠けている部分を補充する作業が必要となる。例えば，設問1－②ア．のような場合である。こうした場合，任意規定（**本章第2節**）や慣習により契約内容が補充されるが，私的自治の原則からは，当事者の意思に則して補充が行われるべきである（91条は任意規定よりも当事者の意思が優先することを定めている）。そこでは契約の趣旨に照らしつつ，「契約当事者がリフォームのことを契約当時考えていたならばどのような合意をしていたか」という観点（当事者の合理的意思）から契約内容が補充される。こうした解釈を**補充的解釈**と呼ぶ。これが第2の作業である。

　意思表示の内容が明確であり，当事者がそのとおり合意している場合であっても，その意味どおりの法律効果を認めることが不適当と考えられるとき，裁判所が当事者の合意を修正することがある。たとえば，②イ．のような条項が存在する場合に，そうした契約条項の効力を否定する場合などである。こうした解釈を**修正的解釈**と呼び，やはり狭義の解釈とは異質な作業であると理解されている。ただし，当事者の合意の内容を他者である裁判所が変更するものであるため，本来は私的自治に反するものであり，修正は抑制的であるべきである（例えば上記の例でBが事業者でAが消費者の場合のように情報量や交渉力に格差がある場合など）。

テーマ2　法律行為の解釈と慣習

　AがBから肥料用大豆粕11車を購入する契約を締結した際に，10車については「塩釜レール入」で引き渡すものとされたところ，この「塩釜レール入」が条件となっている場合は，商慣習上，売主が塩釜駅に商品を送付しそれが到着するまでは売主は代金を請求できないものとされていた。しかし，B（売主）は契約書に記載された「塩釜レール入」という言葉にそうした慣習が含まれていることを知らなかった。果たしてBはこうした慣習に従わなければならないだろうか。

1　解釈の基準としての慣習

　この事例は「塩釜レール入事件」（大判大10・6・2民録27輯1038頁）という実際にあった事件をもとにしたものである。民法は，慣習が存在し，当事者にその慣習に従う意思がある場合には，92条により，慣習が適用されるとしている。では特に本件のような狭義の解釈において慣習が考慮される際に，当事者が慣習をあらかじめ知っている必要があるだろうか。裁判所は意思表示の解釈の資料である「事実上の慣習」が存在する場合には法律行為の当事者がその慣習を知りながら，特にこの慣習に反対する意思表示をしなかった場合には，慣習に従う意思があるものと「推定する」とした。したがって，慣習によるべきことを主張する側は特に何も立証する必要はなく，これを否定する側が「反対する意思表示」があることを立証する必要がある。

2　92条と法適用法3条の関係

　上記の判例の見解には次のような問題がある。まず従来の通説は92条について次のように説明してきた。第1にここに定める「慣習」は，法適用法（法の適用に関する通則法）3条に定める「慣習」よりも効力の弱いものである。というのも，法適用法3条の「慣習」は法の一種（慣習法）であるから，当事者の意思では排除できないのに対して，92条の「慣習」は当事者にこれに従う意思がなければ適用されないからである。したがって，従来の通説は**慣習法**としての慣習と，92条の慣習を区別するために，特に後者を**事実たる慣習**と呼んできた。前掲大判大10・6・2における「事実上の慣習」とはこの事実たる慣習のことを意味する。その上で，諸般の事情から客観的に見て慣習に従うべき事情がある場合には，当事者が特に慣習に従う意思を示していなくとも，それを排除しない限り，慣習が任意規定に優先することになる（前掲大判大10・6・2）。

　ところで，90条から92条までの規定の関係を見ると，公序良俗と強行規定

は，意思表示の内容の社会的に見て妥当な範囲を定め，その範囲の中において，「意思表示＞慣習＞任意規定」という順番で優先的な効力が認められるという構造になっていると理解するのが素直である。そうだとすると，事実たる慣習は効力が弱いはずなのに任意規定に優先することとなる。これに対して，「慣習法」としての法適用法3条の慣習は，同条で「法令に規定されていない事項に関するものに限り」法と同一の効力が与えられるとしていることから，任意規定すら無い場面では確かに法としての効力が与えられるものの，任意規定と慣習が衝突する場合には，任意規定が優先することとなる。つまり，規範性の強いはずの慣習法が任意規定に劣後し，規範性の弱い事実たる慣習が任意規定に優先するという矛盾が生じてしまうのである。

　そこで近時では，慣習にこうした効力の強弱をつける考え方そのものが批判されている。そのうえで，法適用法3条が制定法「一般」に対する慣習の補充的地位を定める「一般法」であるのに対して，92条が，特に法律行為の当事者に対しては任意規定に優先すべきことを解く「特別法」であると理解して，両者の矛盾を解消しようとする。

テーマ3　動機の不法

　Aは法律で禁止されている賭博をして負けてしまい，Cから1,000万円の支払いを要求された。そこで，その支払いのためにBから1,000万円を借りた。その後，BがAに返済を請求したところ，「賭博という違法行為が原因でした金銭の貸し借りは公序良俗に反して無効だ」と言い出した。果たして，A・B間の金銭の貸し借りは無効だろうか。

1　問題の所在

まず，金銭の貸し借り（「金銭消費貸借契約」という）そのものは，何ら違

法な行為ではない。したがって，本件では，法律行為の内容そのものが公序
良俗に反するという場面ではなさそうである。しかし，賭博は法律で禁止さ
れており（刑法185条），金銭の貸し借りの動機が公序良俗に反しているとい
える。ではそうした動機に基づく行為は無効か。

2 判断方法

　判例は，賭博に負けて生じた債務を返済するためにした金銭消費貸借契約
が公序良俗に反するか争われた事件で，返済のためか，これから賭博をする
ためかを問わず，こうした消費貸借を有効とすることは，借主が資金を融通
してもらえることを信頼して，賭博を反復継続する弊害を助長するおそれが
あるとの観点から公序良俗に反し無効であるとした（大判昭13・3・30民集17
巻578頁）。この事案では，当事者双方が「賭博のため」という意図で契約を
締結している事例であるが，不法な動機を有している当事者の相手方が，そ
うした意図を認識していなかった場合はどうなるかということについては，
この判例からは読み取れない。

　不法な動機に関しては，これを「条件」（条件の意義については本書**第10章**
参照）とした場合に限り法律行為を無効とすべしという説がかつては存在し
た。しかし，現在では，公序良俗に反する動機に由来する行為の存在を認め
るべきではないという要請とその行為の相手の信頼を保護すべきとの2つの
要請から，不法な動機が相手方に表示されたときにはじめて行為が公序良俗
違反となるという見解が通説である。動機の表示に関しては，常にこれを必
要とするか，あるいは表示がなくとも動機を認識し，もしくは認識できたで
あろう場合にも行為を無効とすべきかについては争いがある。

第6章　意思表示

基　本　事　項

第1節　意思表示とは何か

1　意思表示概念

前章で学んだように，法律行為とは，権利変動を生じさせようとする「意思」（民法上こうした意思を**効果意思**と呼ぶ）の表明である**意思表示**を必ずそ

の構成要素としていた。

　本章では，この意思表示に関する規定を詳しく見ていくことにしよう。上記のように意思表示とは「効果意思を外部に表示したもの」をいうが，心理的にはいくつかの段階を経て成立する。例えば，Aが自分のパソコンが壊れたので，Bに対して「君が持っているパソコン3万円で売ってくれ」と頼んだとしよう。まず，①「自分のパソコンが壊れたので」という「Bからパソコンを売ってもらおう」という考えを抱く前提となった部分を**動機**という。②次にAは「Bからパソコンを売ってもらおう」と考えた。これは，法的観点からは，Aのパソコンの所有権を（代金を払って）自分に移転するという「法律上の効果」を発生させようとする「意思」が形成されたものと見ることができる。こうした意思を**効果意思**と呼ぶ。③そして，最後に，Aが内心に抱いていた効果意思を外部（この場合Bに向かって）に表明する行為が**表示行為**（「そのパソコン3万円で売ってくれないか」という部分）である。この表示行為がなされて**意思表示**が完成する。以上の段階のうち，効果意思と表示行為が意思表示の構成要素であり，動機は意思表示の構成要素ではないではない，と理解されている。詳しくは**第2節4錯誤**のところで述べるが，動機は基本的には意思表示には現れないことから，これを無条件に意思表示の内容として認めてしまうと，相手方にとって思わぬ損害を生じさせかねないからである。

> **【コラム：表示意思】**
>
> 　例えば，上の例でBから契約書を渡されたAが，その書面を「契約書の草案」だと勘違いして署名したとする。客観的に見ればAは表示行為しており，またそこから推断される効果意思もある。しかしAは意思表示をした「つもり（意識）」はない。そこで学説では意思表示が成立するための主観的な要件として「自分は今，意思表示をしている」という「表示意思（意識）」を要求するものがあり，上記のような場合は，意思表示は不成立（＝無効）になるとする。

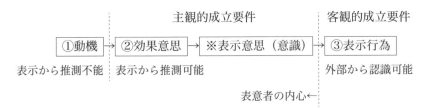

図1　意思表示の構造

2　意思表示規定の概観

　それでは，民法の意思表示に関する規定について見ていくことにしよう。民法は意思表示に関する規定として，93条か98条の2までの規定を置いている。93条から96条までは，意思表示に何らかの欠陥が存在し，その結果，その意思表示が無効や取消しとなる場合を規定している。意思表示が無効・取消しとなると，その結果として，有効に成立していたはずの法律行為（例えば契約）の構成要素が欠けることとなるため，当然，その法律行為の効力も失われる結果となる。

　97条から98条の2までは，ある一定の場面において，意思表示が効力を持つための要件を定めた規定である。例えば，97条は，手紙で意思表示をした場合，相手に届いて初めてその効力が生ずることを規定しているが（こうした立場を**到達主義**という。），例えば，契約に関する手紙（＝意思表示）が届かなかったら，その意思表示に効力はなく，当然，契約（＝法律行為）も成立しないということになる。

　このように，民法に定められた意思表示に関する規定は，何らかの形で意思表示自体は行われたものの，一定の理由で，その効力が否定される場面を規定しているといえる。

第2節　意思の不存在

1　意思の不存在

⑴　意思の不存在とは何か

　伝統的には，民法93条から95条の規定は**意思の不存在**（**欠缺**）に関するであると理解されてきた。そこでまず，この意思の不存在とはどういうものなのか理解しておく必要がある。例えば，先ほどの例のように，AがBが持っているパソコンを売ってほしいと考えていたとしよう。このとき，実はAは，「甲」というパソコンと「乙」というパソコンを持っており，Bは本当は「乙」のほうがよかったのに，間違って「甲」が欲しいと述べてしまったとする。図にすると次のようになる。

効果意思　　　　　　　表示行為

「乙」が欲しい ←→ 「甲」が欲しい

不一致

図2　Aの意思表示

　正常な意思表示は，内心に抱いていた効果意思（**内心的効果意思**という）と，表示行為上に現れた効果意思（**表示上の効果意思**という）は一致している。これに対して，上の例では，表示上の効果意思に対応する形で内心的効果意思が存在していない。こうした場面を**意思の不存在**（意思の欠缺）とよぶ。民法93条から95条の規定は，こうした意思の不存在の場面を含んでいる点で共通している。そして，民法は，そうした場面について，そこでの意思表示の効力を否定しうることを認めている。

(2) 意思主義と表示主義

このように考える理由は，民法が**私的自治の原則**を採用しているからである。私的自治とは，「法律の範囲内における自己決定の自由」を意味している。自己決定の結果としての契約に当事者が拘束されるためには，それが自己の決断を正しく相手に伝えた結果でなければならない。したがって，効果意思と表示に不一致がある意思表示には効力が認められないのである。なお，特に意思表示の領域において，すべての法律行為の効力の源を個人の意思にもとめる考え方を**意思主義**という。

しかし，意思表示には表示を受けた相手方が存在するし，第三者が利害関係を持ってくることもあり，意思主義を貫くと妥当でない結果を招くことがある。そのような場合に，ともかくもなされた表示に効果を認めようとする立場を**表示主義**と呼ぶ。93条から95条の規定は，この両者のバランスも考慮に入れたうえで成り立っている。

2　心裡留保（93条）

(1) 93条本文の趣旨

それでは，具体的に個々の規定について見ていくことにしよう。93条は**心裡留保**に関する規定である。93条は「意思表示は，表意者がその真意ではないとこを知ってしたときであっても，そのために効力を妨げられない」と規定している。「表意者」とは，意思表示をした者であるが，「その真意ではないことを知って」意思表示をした場合とは，つまり，表意者が意図的に（「わざと」）意思の不存在を生じさせた場合である。例えば，Bが本当は自分のパソコンを売る気がないのに，Aに向かって「売る」といった場合である。そして，「そのために効力を妨げられない」とは，無効にはならない，すなわち「有効」であるとしている。

ではなぜ有効なのだろうか。意思主義の考え方に従うと，意思の不存在によって本来は意思表示の効力が「妨げられる」はずである。つまり，上記の

場合も B の意思表示は無効となり，パソコンの売買契約も無効となるはずである。しかしそうすると，パソコンを購入できると信じた A の信頼は裏切られる。そこで「表示に対する信頼」を保護するべきだという考え方である前述の**表示主義**が登場する。93条本文はこの考え方に立ち，意思の不存在の場面であるにもかかわらず，意思表示を有効としているのである。

(2)　93条ただし書の趣旨

では今度は，B が冗談で自宅を「1円で売ろう」と言ったとしよう。この場合も有効な契約となるのだろうか。93条ただし書は，表意者の相手方（A）が「これは冗談だ」と知っているか，知るべきであったという場合には，意思表示は無効であるとしている。なぜならば，そうした人は表意者の表示をそもそも信頼していないか，かりに信頼していたとしてもその信頼は保護する必要がないからであり，表示主義の出番がないからである。

(3)　「善意の第三者」の保護

では，B が A に冗談で売った自宅を A が更に C に売ってしまった場合，B が後になって「実は A に売ったのは冗談だったので，返してほしい」といえるだろうか。B の主張は，「93条1項ただし書により，A・B 間の売買契約は無効であるから，B の自宅の所有権は A に移転することは無く，したがって，当然に C に移転することもない。よって，所有者である私（＝B）は C に向かって『その家は私のものだ』と主張できるはずだ」というものである。これが93条2項にいう「意思表示の無効」を「対抗する」ということの意味である。

しかし，93条2項はそうした無効は「**善意の第三者に対抗することができない**」とした。まず，法律用語にいう**善意**とは，ある事実を知らないことを意味する。そして，ここでの「ある事実」とは，A・B 間の契約が実は無効であったということである。第三者とは当事者（ここでは心裡留保をした B とその相手方 A）以外の者を指す。つまり，何も事情を知らずに法律関係に

入った善意の第三者 C を保護するため，C に向かって無効を主張できない
ようにしたのが，93条 2 項ということになる。

3　虚偽表示（94条）

(1)　94条 1 項の趣旨

次に94条の**虚偽表示**について見ていくことにしよう。A には銀行に1,000
万円の借金があるが，どうも払えそうにない。そこで，銀行は A の持って
いる土地「甲」を競売にかけようとしていた。ところが A がこれを察知し，
親戚の B に「ひとまず，甲を B に売ったことにして差し押さえを逃れたい」
と相談した（**通謀**という）。そして，A は，本当は B に売るつもりはないの
に「甲を B に売る」と意思表示し，B も本当は買うつもりもないのに「甲
を買う」とそれぞれ意思表示した。このように，いずれの表示も対応する効
果意思が無く，しかも表意者双方が意思の不存在を知っているという場合を
（**通謀**）**虚偽表示**と呼ぶ。

先に述べた93条 1 項本文の場面と比べると，双方の表意者が共通の目的の
もとに，意思の不存在を意図的に生じさせている点で異なる。93条 1 項本文
の場合には相手方の信頼を保護する必要があったが，94条 1 項の場面では，
そうした信頼保護の必要はなく，原則どおり意思表示は無効である。

(2)　94条 2 項の趣旨

次に，先の事例で，A から B に**登記**（土地の所有者等が記載された台帳）の
名義が移転されたが，B がこれを利用して，「B に所有権があることにして，
A に内緒で何も知らない C に売ってしまおう」と思いつき，土地「甲」を
C に1,200万円で売ってしまったとしよう。これに気がついた A は「A・B
間の契約は94条 1 項に基づき無効だ。だから土地甲は私のものだ」と C に
主張したとする。これに対して C は「そんなことは君たちの勝手だろう。
それに自分は登記を見て B の土地だと信じて買ったんだ。今更そんなこと

を言われても困る」と反論してきた。民法上どちらの言い分が勝つだろうか。

　94条2項は、「前項の規定による意思表示の無効は、善意の第三者に対抗することができない」と規定している（通説・判例はここでの「第三者」にはCからさらに譲り受けた者、すなわち**転得者**も含むとしている。これについては**【発展問題】テーマ1　94条2項による転得者の保護**）。前述のように、ここでの**善意**とは、A・B間の契約が無効であることを「知らないこと」である。そしてCは「第三者」に当たるので、Cが善意であれば、Cの主張が認められ、甲の所有権がCにあることが認められる。

　ではどうしてこうした規定があるのか、その趣旨を考えてみよう。本来は、A・B間の法律行為が無効ならば、Bは所有権を取得することができず、当然、そうした**無権利者**であるBからの譲受人であるCもまた権利を取得することができないということになる。しかし、Cは虚偽の外観を信頼して取引関係に入っているし、しかも、その外観を作り出したのはAである。そこで、虚偽の外観作出について**帰責性**（落ち度）がある権利者（A）とその外観を信頼して取引関係に入った第三者（C）を天秤にかけて、善意の第三者を保護すべきだとしたのが、94条2項である。なお、こうした考え方を**権利外観法理**といい、同じ考え方に立つ規定がほかにもいくつか用意されている。民法が**取引の安全**を重視していることが分かる。

　ところで、94条2項は、「前項の規定による意思表示の無効は」と規定している。つまり、通謀虚偽表示に基づく無効を前提している。そうだとすると、例えば、Aが土地「甲」の登記名義を「勝手に」息子Bのものにしておいたところ、Bがこれに気が付いて、善意のCに売却した場合、原則として94条2項の適用は「ない」ことになる。なぜならば、Aが一方的に登記名義をBに移しただけなので、AとBの間には、先の例でみたような通謀が存在せず、94条1項が規定する場面ではないからである（こうした場面の解決方法については**【発展問題】テーマ2　94条2項の類推適用**）。

(3) 94条2項と192条との関係

ところで，94条2項を適用（あるいは類推適用）した判例の事案というのは決まって不動産取引の場面である。なぜなのだろうか。これは，動産については192条の**即時取得**という制度が用意されているからである。同条によると，上の事例でいうCが取引行為により善意・無過失で動産の占有を始めた場合には，その動産についての権利（ここでは所有権）を取得すると規定されている。無権利者から動産を譲り受けた第三者はこの制度により保護されることになるので，94条2項の出番がないのである。

4　錯誤（95条）

(1)　錯誤の2類型

最後に，95条の**錯誤**について見ていくことにしよう。錯誤とは，簡単に言えば「勘違い」である。その点で，意図的に意思の不存在を表意者が生じさせた場面である心裡留保，通謀虚偽表示とは異なっている。そして，95条1項には2つの種類の錯誤が示されている。1つ目が，「意思表示に対応する意思を欠く錯誤」（1号）であり，2つ目が，「表意者が法律行為の基礎とした事情についてのその認識が真実に反する錯誤」（2号）である。

このうち，1号に規定された錯誤が，意思の不存在の一種である**表示錯誤**の場面である。この表示錯誤については，講学上，更に，①Aが本当は「イクラ」が欲しいのに，誤って「筋子が欲しい」と言ってしまったように，表示行為を行う段階で，言い間違いや書き間違いをしたことにより，内心的効果意思と表示上の効果意思の間に食い違いを生じた場合である**表示上の錯誤**と，②「イクラ」のことを「筋子」であると勘違いしていて，「筋子が欲しい」と述べた場合である**内容錯誤**に分類されている（**【発展問題】テーマ3 意思表示の解釈と錯誤**）。

これに対して，2号の錯誤は従来，**動機錯誤**と呼ばれてきたものである（以下では改正法にあわせて**基礎事情の錯誤**という）。例えば，Aは「北海道産

の」イクラが欲しかったのに，買ったイクラが北海道産ではなかったといった場合である。先の内容錯誤との違いは，「イクラが欲しい」という意思が内心的効果意思だとすると，「北海道産だから」というのは，イクラが欲しいと思った理由，すなわち**動機**であると位置づけられ，その部分について勘違いが存在するという点である。図で示すと次のようになる。

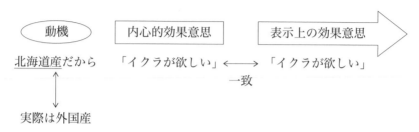

図3　基礎事情の錯誤

図3のように，基礎事情の錯誤においては，内心的効果意思と表示上の効果意思は一致している。したがって，基礎事情の錯誤は表示錯誤とは異なり，意思の不存在の場面ではないということになる。

(2)　取消権発生の要件

95条1項および2項を見ると，錯誤の効果は**取消し**である（取消しについて詳しくは**第8章**参照）。つまり，意思表示（そして締結した契約）をなかったことにできるのである。しかし，相手方（上の例ではB）からすれば「勘違いしたAが悪い。約束は守ってもらいたい」と思うだろうし，単なる勘違いを理由に常に意思表示を取り消すことができたのでは，相手は安心して取引ができない。そこで民法は**取引の安全**を保護するために（つまり「おっちょこちょい」が簡単に無効を主張できないようにするために），いくつかのハードルをもうけた。

i　表示錯誤と基礎事情の錯誤の共通要件（錯誤の重要性）　　はじめに，表示錯誤と基礎事情の錯誤に共通する要件として95条に規定されているのは，**錯誤**

の重要性要件である。そして，錯誤の重要性は，条文にあるように，「法律行為の目的及び取引上の社会通念に照らして」判断される。例えば，「甲」という土地を建物を建てる目的で購入したところ，がけ崩れの危険がある土地で，実は建物が建てられなかったとする（なおこの事例は基礎事情の錯誤の事例）。この場合，買主は，建物が建てられると錯誤して，「甲を買いたい」と意思表示しているが，実際には「建物を建てる」という本件売買契約の目的が達成できず，しかも，社会通念に照らしても，そうした目的を前提としたならば誰も「甲」を買う人はいないだろうといえるほど，買主が錯誤した事項が重要であると判断できるため意思表示を取り消すことができる。また，買主が「甲」という土地と「乙」という土地を同じ土地と勘違いし，家を建てる目的で平坦な土地である「乙」が欲しかったのに，先の勘違いに基づいて崖地である「甲が欲しい」と表示してしまった場合（内容錯誤の事例）にも，やはり，同様の判断から，取消しが認められることとなる。このように，ここでの判断は社会通念を基準として行われており，錯誤者の単なる個人的な思い入れを基準としていない点に注意が必要である。

ii 基礎事情の錯誤の要件　　次に，基礎事情の錯誤に基づいて取消し行う際の要件が95条2項に規定されている。表示錯誤の場合には，表示錯誤があり，かつ，錯誤対象が重要であれば，（後述する重過失が錯誤者にない限り）原則として取消しが認められる。これに対して，基礎事情の錯誤の場合には，それがどんなに重要な事項に関する錯誤であっても，95条2項に定められた要件を充たさない限り，取消しは認められない。

　95条2項は，錯誤者が錯誤した事情が「法律行為の基礎とされていることが表示されていたときに限り」意思表示を取り消すことが可能であるとしている。では，ある事情が「法律行為の基礎とされていた」場合とはどのような場合で，それが「表示されていた」と認めることが可能な場合とはどんな場合なのだろうか。まず，従来の判例は，「動機が表示され意思表示（法律行為）の内容となった場合」に錯誤無効を認めてきた（**動機表示構成**という）。「意思表示の内容」とはすなわち表示上の効果意思の内容を指すことから，

ここでは効果意思かあるいは意思表示のいずれかが本来よりも広く解釈されていたことになる。そして，従来の判例においては，錯誤者が念頭に置いていた事情が売買等の代金を決定する際の基準となっていたり（例えばある絵画が本物かどうか），あるいは，ある法律行為をするかしないかを判断する際の積極的理由や（例えば，退職する理由がないのにあると誤解してなされた退職の意思表示），消極的前提（例えば，離婚に伴う財産分与に際して相手方が課税されると誤解していた場合）となっていた場合に，95条による取消し（改正以前は無効）が認められてきた。

また，そうした事情を前提としたことの「表示」は，**明示**でも**黙示**でもよいとされている。明示は契約書等にはっきりとそのことが書かれていたり，契約交渉の場面でそのことをはっきり発言していたりしている場合であるのに対して，黙示とは，意思表示を取り巻く諸般の事情からそうした表示がなされたと評価してよい場面である。例えば，離婚に伴い，夫が妻に財産を分与する際に，多額の税金が妻に課せられるとの認識のもと（ところが実際は逆），交渉時に「お前大丈夫か」といった発言が，動機の黙示の表示と評価されたことがある（最判平元・9・14判時1336号93頁）。こうした，当事者間である事項が当然の前提（ある種の暗黙の了解）となっているような場合にも，黙示による表示を認める傾向が近時みられる。

(3)　錯誤の判断基準時

錯誤は，意思表示時に存在しなければならない。したがって，例えば，今住んでいるところが不便だったので，今住んでいる家を売って新しい家を購入したところ，その直後になって新駅建設計画が公表され，売った家の価値が急騰したとしても，錯誤の問題ではないということになる。一見すると，「そんな計画があると知っていたら売らなかった」という点で錯誤があるように見えるが，売った段階でそうした計画が存在していなかったのだとすれば，売主（＝表意者）には何らの錯誤も存在しないということになる。

⑷ 取消権行使を制限するための要件

i 錯誤者の重過失による取消権行使の制限　95条1項および2項に規定された要件を充たすと，錯誤者に取消権が認められる。では，先の「甲」という土地を建物を建てる目的で購入したところ，かけ崩れの危険がある土地であり，しかも直接をそれを見に行くことができたのに行かなかったという場合，はたして，錯誤による取消しを認めるべきだろうか。この場合，錯誤者には，土地を確認すべきだったのにそれを怠ったという意味で過失があるが，それが特に重大である場合（**重過失**という）には，錯誤取消しは認めないとするのが95条3項の基本原則である。確かに錯誤は注意深く確認等を行えば，避けられる場合が多く，そういう意味では，多くの錯誤者には何らかの過失がある。しかし，その中でも，特にほんの少しの注意を払うだけで避けることができた錯誤を，そうした注意を払わずに引き起こした者まで保護する必要はない（つまり，そうした者が取消しを主張するのはむしがよすぎる）とするのが本規定の趣旨である。

ii その例外　ただし，こうした重過失要件も，次のような場合には適用が排除される。第1に，相手方が，錯誤者が錯誤に陥っていることを知っていたり，あるいは，重過失によって知らなかった場合である（95条3項1号）。相手方が錯誤者の錯誤を見抜きながら，あえて契約した場合や，「もしかするとこの人は錯誤に陥っているかもしれないな」と気づくのが普通であるという場合に，あえてそのことを確認しなかったという場合には，錯誤者による取消権の行使に対して，重過失を理由にその行使の制限を主張することはできない。

　第2に，契約において当事者双方が同じ錯誤に陥っている場合である（95条3項2号）。例えば，ある絵画の売買において，売主も買主も双方とも取引のプロであり，その絵画が本物であることを前提に売買契約を締結したが，実際にはその絵画は偽物であったという場合である。双方とも絵画取引のプロである以上は，調べればその絵が本物か偽物かわかるはずであるから，その点で両者には重過失があるといえる。しかし，両者とも同じ錯誤に陥って

いる以上，その契約を維持する（つまり重過失要件により取消権の行使を認めないことにより，契約を有効のままにする）利益はないというのが本規定の趣旨である。

(5) 第三者保護規定

改正前の95条に関しては，第三者保護規定は存在しなかった。しかし，改正法で新たに第三者保護規定が置かれた。95条4項をこれまで見てきた93条2項と94条2項と比較すると明らかに異なる点が1つある。それは，第三者が保護されるための要件として**善意**だけでなく，**無過失**も要求している点である。第三者に無過失を要求するということは，当然それだけ第三者保護のハードルが上がる。なぜそんなことをわざわざする必要があるのかというと，錯誤の場合は，錯誤者には，わざと心裡留保や虚偽表示を行った表意者ほどの**帰責性**がないからである。その分，錯誤者が取消しを対抗できる場面を広く認めるため，第三者保護を高く設定したのである。

(6) 錯誤者の損害賠償義務

最後に，学説上は，錯誤者の取消しによって相手方に損害を与えた場合には，相手方は過失ある錯誤者に対して709条に基づく損害賠償請求をすることができると考えられている。外国の民法にはこのことを定める規定が存在するものもあるが（例えばドイツ民法），日本の立法者は「あたりまえのことであるから，わざわざ規定を置くまでのことではない」として，明文化しなかった。規定がないこともあってか，裁判上，問題となることはほとんどなく，民法改正でも明文化には至らなかった。

以上，意思の不存在には3種類のものがあり，まとめると**表1**のようになる。

表1　意思の不存在

| | 意思の不存在についての認識 | | 意思表示の効力 |
	表意者	相手方	
心裡留保（民93条）	有	知らない・知ることもできない	有効
		知っている・知ることができた	無効
通謀虚偽表示（民94条）	有	知っている（通謀）	
錯誤（民95条1項1号）	無	相手方の認識問わず	取消可能

第3節　瑕疵ある意思表示

1　瑕疵ある意思表示とは

AがBに「君が持っているパソコンを売ってくれ」と申込み，Bがこれに承諾してパソコンを売ることになったが，その際に，次のようなやり取りがあったとする。

① BがAにどこにでもある市販のパソコンの中古品を「これは限定特別仕様のパソコンだ。君だけに特別安く売ってあげるよ」と述べて，本来だったら1万円もしない物をAに10万円で買わせたという場合。

② Aが「このパソコンを自分に売らないとひどい目にあわせるぞ」とBを脅して，本来は10万円するパソコンを1万円で売らせた場合。

①の場面も②の場面も「パソコンを○万円で買う（売る）」という効果意思は表示と合致しおり，意思の不存在は存在していない。したがって，上のような事情があっても意思表示は有効である。しかし，このような場合に被害者を法律行為から解放させる手段も必要ではないだろうか。

こうした効果意思と表示は一致しているが，「効果意思を形成する段階に瑕疵（「キズ」という意味）が存在する場面を民法学では，**瑕疵ある意思表示**と呼んでいる。そして96条で，後述の詐欺と強迫の場合につき，意思形成段

階における他者からの不当な干渉に着目し，瑕疵ある意思表示をした者を保護するため，表意者が望めば，有効になされた意思表示を覆す（＝取り消す）ことを認めている。

2　詐欺

(1)　詐欺取消しの要件

先の①の場面を**詐欺**と呼ぶ。その効果は**取消し**である。

まず，詐欺取消が認められるのは，「嘘をついて誤った動機を抱かせ，それによって効果意思を形成させた場面」である。事例①のBの行為はまさにAに誤った動機を抱かせているが，こうした行為を「**欺罔行為**」と呼ぶ。

しかしここでより重要なのはこの欺罔行為が「**相手方を錯誤に陥らせる故意**」と「**それによって意思表示をさせる故意**」を備えている必要があるという点である（「**二段の故意**」と呼んでいる）。つまり，B自身に騙す気がない場合には，詐欺にはならない。また，嘘をついたがそれが問題となっている意思表示とは全く関係無い嘘であった場合にも詐欺にはならないのである。つまり欺罔行為と意思表示の間に**因果関係**がなければならない。

(2)　第三者による詐欺

では，AとBが契約をする際に，これまでのようにBではなく，第三者のCがAを騙した場合はどうだろうか。Aからすれば，騙されて契約したのだから取り消したいのはこれまでと同じであるが，Bからすると「なぜ自分が騙したわけではないのに，詐欺を理由に取り消されなければならないのか」と思うだろう。そこで民法は，Bが，AがCに騙されたことを知り，または，知ることができた場合に限って取消しを認めることにした（96条2項）。

3 強迫

　②の場面は，意思の不存在も動機に「誤り」も存在しないが，他人によって「意思表示しないと不利益が自分に及ぶ」という強制状態をつくり出されてしまい，仕方なく意思表示したという場面である。こうした場面を**強迫**といい（刑法上は「脅迫」と書く。要件もやや異なるので注意），効果は**取消し**である。相手を怖がらせて（「畏怖させて」という），それに基づいて意思表示がなされることが必要である。例えば，表意者に危害を加える旨を告知した場合のみならず，天災，地変，天罰などを告げてそれに基づき意思表示をさせることも「強迫」となるが，詐欺同様，強迫をする者に二段の故意が必要である。

> **【コラム：消費者契約法】**
>
> 　次のような場合，Bがした契約は詐欺により取り消せるだろうか。例えば，Aが「この牛肉は国内産のブランド牛ですよ」とBに述べて，Bもこれを信じて購入したところ，実は外国産だったという場合である。確かに一見すると，AがBを騙しているように見え，詐欺により取り消すことが出来そうである。しかし，ここで詐欺取消が認められるためには，「二段の故意」という高いハードルがある。「故意」とは内心の出来事であるから，外部からそれを直接うかがい知ることはできない。そうするとAに「私も国内産だと信じていた」としらを切られてしまうと，なかなか「客を騙そうとしていた」と立証することは難しい。
>
> 　そもそもこの問題は，客である消費者は事業者の言う事の真偽を直ちに判断することができないという消費者と事業者との間の情報量や交渉力の格差に由来している。そこで，そうしたある種の「構造的な格差」に着目し，消費者と事業者との間の契約（消費者契約）については，消費者にとって有利なように民法上の無効・取消原因について，要件のハードルを下げる形で規定を定めたのが消費者契約法である。
>
> 　例えば，詐欺との関係では，先ほどの牛肉の事例は不実告知（消費者契約法

４条１項１号）にもとづき，相手方の故意を立証することなく取消しが可能である。また，家にセールスにやってきたセールスマンが「おかえりください」と言っているのになかなか帰らないので，仕方なく契約をしてしまった場合（この場合，何も騙す行為はしていないので詐欺ではないし，客は迷惑には感じているだろうが強迫もされていない），困惑による取消しがかのうである（消費者契約法４条３項１号）。これらの例は，あくまで一例にすぎず，消費者契約法にはこうした無効・取消し原因がその他にも用意されている（消費者契約法４条以下参照）。民法の規定とぜひ比較して，その違いを検討してみてほしい。

4　第三者保護規定

　なお民法96条３項を見ると，詐欺による取消しの場合についてだけ善意・無過失の第三者を保護する規定を置いている（ここでの「保護」の意味については前述と同様）。なぜだろうか。詐欺の場合には，騙されたとはいえ，「うまい話に乗った人」と善意の第三者を天秤にかけた場合，善意の第三者のほうを保護しようと考えた結果である。これに対して，強迫の場合はどうだろうか。強迫されて意思表示をさせられた表意者には何ら落ち度がない。そこで，強迫された者を常に保護するべきだ，つまり，善意の第三者にすら取消を対抗可能とすべきだという判断が働く。そこで民法96条３項は詐欺の場合についてだけ善意の第三者を保護する規定を置いたのである。

　ところで，96条１項・２項に従い騙された者によって取消しがなされると，**取消しの遡及効**により，もともと有効だった契約が初めから無かったことになる。その結果，例えば，土地の売買契約の場合，土地を騙し取ったＢも，そこから購入したＣも無権利者となり，ＣはＡから所有権を対抗される。これを制限しようというのが96条３項である。そうだとすると，例えば，Ａ・Ｂ間の契約を取り消した後であるにもかかわらず，（Ａが登記を回復するのを怠ったため）ＢがＣに売却したという場合には，取消しの遡及効が発生

した後に C が現れたことになるため，96条 3 項の本来の適用場面ではないということになる。このような場合について，判例は177条に従い解決を試みているが（B から A への所有権復帰を 1 つの物権変動と見る見解。大判昭17・9・30民集21巻911頁），有力な批判（94条 2 項類推適用説）も存在する（詳しくは物権法で学ぶ）。

第 4 節　意思表示の効力発生時期

1　到達主義──原則

　A が B に「君が持っているパソコンを 5 万円で売ってくれ」という手紙を書いて投函し，それを B が読み「では君に 5 万円で売ろう」という返事の手紙を書いたとしよう。A・B 間の手紙のやり取りにより，売買契約が成立するが，その際，特に A の意思表示を**申込み**と呼び，B のそれに対する意思表示を**承諾**と呼ぶ（522条）。では，2 人の意思表示はいったいいつ効力を生じているのだろうか。

　なぜこうしたことが問題になるかというと，意思表示は，①手紙を書いた段階（**表白**），②ポストに投函した段階（**発信**），③相手に届いた段階（**到達**），④相手が読んだ段階（**了知**）を経るが，各段階のどこを効力発生時期と定めるかによって，効力発生の有無に差が出る場合があるからである。

　例えば，表白時に効力発生を認めると，B が承諾の手紙を書いたが，ポストに投函しなかったという場合ですら契約が成立してしまうことになる。逆に，了知されてはじめて意思表示に効力が発生するとしてしまうと，A が最初はパソコンを 5 万円で買うつもりが，急に買う気が無くなった場合，B から承諾の手紙が来ても，それを読まなければ，契約は成立しないということになってしまう。つまり，自分に都合の悪そうな手紙が来た場合には，とにかく読まなければ意思表示の効力は生じないということになり，妥当ではない。そうすると，発信時か到達時に意思表示の効力を認めるのがよさそうだ

ということになる。これについては，明治時代に民法典を作る際に大激論が交わされた結果，到達時を意思表示の効力発生時期とすることが原則とされた。こうした考え方を**到達主義**という。先ほど見た，了知時を効力発生時期とする考え方には確かに大きな問題があるが，しかし，本来は，意思表示の内容が理解されたときに効力が生ずるべきだという考え方そのものは大きく間違ってはいないだろう。問題なのは，「私はそんな手紙見ていない」という言い訳を容易に認めやすくなってしまう点にある。そこで，民法は，相手方の領域内に意思表示が到達したならば，了知もされるはずだという考えに立って，**到達主義**を採用したのである（97条1項）。

【コラム：発信主義】

　ところで，では発信時を意思表示の効力発生時期とする考え方（発信主義という）はなぜ，民法典の中に採用されていないのだろうか。実は2017年の民法大改正以前の条文には発信主義をとる規定が存在した。承諾の意思表示の効力発生時期を定めていた旧526条である。

　民法ができた明治時代にはまだ郵便事情が今日のように整備されていなかった。そのため，例えば，Aが申込みの手紙を出し，これに対してBが承諾の手紙を出したところ，届かなかったなどということもあった。この場合，到達主義によるならば，契約は成立していないということになる。そうすると，Bとしては，注文された商品を送りたくても「もしかすると手紙が届かずに契約が不成立になるかもしれない」と心配してなかなか商品発送の準備に取りかかれないという不都合が生ずる。しかし，発信主義によれば，承諾の手紙を出したことが証明できさえすれば，（たとえ途中で郵便事故が起きても）契約は成立するのだから，ただちに商品発送の準備に取り掛かれるのである。こうして民法は承諾に関しては発信主義の規定を置いた。

　しかし今日の通信手段や郵便事情の改善により，上で述べたような問題は起きにくくなった。そこで改正民法は，承諾に関しても到達主義をとることとしたのである。

---

2 意思表示の到達を妨げたとき（97条2項）

　ところで，上記の到達主義を貫くと不都合が生ずる場面もある。以下では，そうした場面について手当てする規定を見て行くことにしよう。それでは，第1に，次のような場合において，意思表示の到達があったといえるだろうか。A（未成年）がBとの間に成立した契約を取り消そうと考え（5条1項・2項），取消しの意思表示を内容証明郵便で行ったとしよう。ところが，Bは契約を取り消されるのが嫌なので，不在を装い，その結果，郵便が再びAの下に送りかえされてしまったという場合である。同手紙は一度もBの支配圏内に置かれていないので，到達したとは言えないだろう。そうすると，このままでは，Aはいつまでも契約を取り消せないということになってしまいそうである。このように，相手方が**正当な理由なく**意思表示の通知の到達を妨げた場合については，その通知が「通常到達すべきであった時に」到達したものとみなされる（97条2項）。2017年改正以前には，こうした条文は無かったが判例（最判平10・6・11民集52巻4号1034頁）において，こうしたことが認められていたため，改正法において明文化された。

3 表意者の死亡と行為能力制限等の影響（97条3項）

　第2に，表意者が意思表示後に，死亡したり，行為能力を制限されたり，あるいは意思能力を喪失した場合，はたして，相手方に到達した意思表示にそのまま効力を認めるべきだろうか。97条3項を見ると，これらの事由によっては到達した意思表示には何ら影響がないと規定している。そうしないと，相手方に不測の損害を与える恐れがあるし，発信の時点で正しい判断をする能力があったのならば，そのまま効力を認めても問題ないこと，表意者死亡の場合には相続人がそのまま権利義務を引き継げばよいからである。その点では，ここでは到達主義が貫かれているといえる。

　ただし，申込みに関しては，申込者が上記のような事由が発生したら申込

みに効力はなくなる旨の意思表示をすでにしていた場合や，相手方が，そうしたことを承諾を発する前に知った時には，申込みには効力はないことになる（526条）。

4 公示による意思表示（98条）

　第3に，相手方に意思表示をしたいが，そもそも①相手方が不明であったり，②相手方は分かっているがどこにいるのかわからないという場合にはどうしたらよいのだろうか。こうした問題を解決するのが**公示による意思表示**である。

　①の場合には，表意者の住所地（民法上の**住所**の意義については本書**第2章**参照）の簡易裁判所に，②の場合には，相手方の最後の住所地の簡易裁判所に対して公示による意思表示の申し立てを行うことができる。申立後は，裁判所の掲示場に意思表示の内容が掲示され，かつ，掲示がされたことが官報（あるいは裁判所が相当と判断した場合には市役所等の掲示場への掲示）に掲載される。

　では，この場合，どの時点で意思表示の効力が発生するのだろうか。民法はこれについて，最後に官報に掲載した日から2週間後に相手方に到達したものとみなすと規定している。ただし，上記の①や②が表意者の過失による場合には，意思表示の効力は生じない（98条3項）。

5 意思表示の受領能力（98条の2）

　到達主義は，相手方に意思表示が到達すれば，意思表示の内容を了知するであろうという期待が前提となっていることは先にみたとおりである。とすると，意思表示の相手方には，意思表示の内容を理解する能力，すなわち受領能力が備わっていなければならないことになる。そこで，98条の2は，意思表示の到達時に相手方に意思能力が無かったり，あるいは，未成年者や成

年被後見人であったという場合には，意思表示の効力を相手方に主張できないとした（98条の2本文）。そして，これらの相手方に対して，意思表示や催告をしなければならないときは，その法定代理人に対してすることとなり，法定代理人が受領を知った時点で効力が生ずる（98条の2ただし書き・同条1号）。なお，相手方が意思能力や行為能力を回復したあとに意思表示を知ったときは，表意者はその意思表示を相手方に対抗できる（同条2号）。

発 展 問 題

テーマ1　94条2項における転得者の保護

　Aは自己所有の土地「甲」についてBとの間で仮装売買を行い，Bに登記を移転した。Bはこれを利用し，Cに甲を売却し，Cはさらに甲をDに売却した。AはDに対して甲の所有権を対抗できるだろうか。

1　問題の所在

　まず，第三者とは当事者以外の者を指すことから，当然，転得者もここに含まれることになりそうである。そうだとすると，例えば，CもDも善意の場合や，Cは悪意だがDは善意の場合は，当然，DはAの主張に対して94条2項の規定により保護される。つまり，転々譲渡の途中に悪意者がいても最後の転得者が善意であれば保護される。また，CもDも悪意であれば，これとは逆にAの主張が通る結果となる。では，Cは善意だが，Dが悪意の場合はどうだろうか。

　なぜ特にこの場面だけが問題になるのだろうか。それは次のような理由に

基づく。第1に，仮に，Dが保護されない（＝Aに甲を取り返される）とすると，Dとしては，Cから甲を買った意味がなくなり，払った代金も無意味となる。こうした場合については565条の適用があるが，要は，CがDから契約の解除（＝契約を無しにすること）や損害賠償を請求されるという結果になってしまう。契約が無しになっても受け取った代金を返すだけならば，特に損をするわけではないので一見問題なさそうに見えるが，代金を使ってしまっている場合には（それ自体，非難されることではないだろう），改めて代金相当額を用意しなければならず，Cにとっては負担であろう。また，悪意者であっても，94条2項により保護することを認めれば，Cは取引の機会が増える結果にもなる。このように，悪意者であるDを保護することが，結局は，善意者Cの保護につながるという点で，他の場面と区別して特に議論されてきたのである。

2　2つの考え方

　従来，こうした場面については2つの考え方が主張されてきた。1つ目が，**絶対的構成**である。この考え方によると，善意者Cが94条2項により保護された段階で，権利関係が確定し（もう少し詳しく言うと，本来，無権利者Bからの譲受人であるはずのCもまた無権利者であるはずが，94条2項により有効に権利を取得することとなり），以後の転得者たちは，Cの確定的な権利取得を前提として，善意・悪意を問わず保護されるという結果になる。

　2つ目が，**相対的構成**である。この考え方によると，94条2項の第三者には転得者も含まれることを前提に，現在，真の所有者（A）と所有権を争っている「第三者（転得者D）」を保護するか否かについては，その者の善意・悪意を基準に判断することとなる。したがって，上の例によると，Dは悪意なので，94条2項により保護されないということになる。

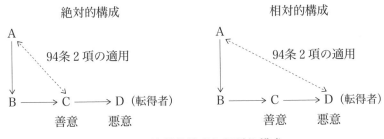

図4　絶対的構成と相対的構成

3　絶対的構成に対する批判

　以上のように，絶対的構成に従えば，Dも保護されるが，Cも保護される
結果となり一見問題なさそうである。しかし，絶対的構成に対しては，次の
ような批判がある。第1に，Dを保護しないと本当にCはDから責任を追
及されるのだろうか，という点である。565条の本来の趣旨は，契約の時点
で他人のものであった物（**他人物**という）を売買の対象としておきながら，
それを結局，買主に引き渡すことができなかった時の売主の責任を定めた規
定である。本問の事例では，Dの悪意が原因でDが保護されなくなったこ
とを理由にDが所有権を取得できなかった場合であるから，565条が想定し
ている場面とは異なる。もとはといえば，Bが虚偽の登記を利用して善意の
Cに甲を売却したところから問題が起きたのだから，Dが被った損害はB
に対して請求するべきだという批判である。また，絶対的構成に立つならば，
例えば，悪意者Dのところに，Bが甲の売買を持ち掛けてきたときに，D
がBから直接購入したのでは，94条2項によりAに対抗できないため，い
ったん，善意者Cを介在させたうえで，このCからDが購入すれば，Dは
甲の所有権を有効に取得しうるということが可能になってしまう。

4 判例の立場

　では判例はどのように考えているのだろうか。最判昭45・7・24民集24巻7号1116頁は，民法94条2項にいう第三者とは，虚偽の意思表示の当事者（またはその一般承継人）以外の者である以上，虚偽表示の相手方との間で表示の目的につき直接取引関係に立った者のみならず，その者からの転得者もまた同条項にいう第三者に当たるとした。つまり，「第三者」の定義からすれば，転得者も当然に94条2項の第三者に含まれるというのである。そして，そうだとすれば，当然に転得者の善意・悪意が判断の決め手となることとなる。このような結論をとっても，上の絶対的構成批判の考え方に従うならば，必ずしも善意者Cの保護に欠けることにならないことから，一応妥当だということになりそうである。

　ただし，次のような問題もあるのではないだろうか。上で述べたように，善意者Cを介在させて自身の悪意をカムフラージュしようとした悪意者Dと，これまでの土地取引についておかしなところは無いか調べた結果，A・B間に虚偽表示があることが分かってしまった（その結果悪意となった）者とは同列に扱うべきなのだろうか。特に後者のような者は，その土地についての取引をあきらめなければならないのだろうか。ここでの悪意の意味が問われることとなるが，結局，どのようにするのが正しいのか自身で考えてほしい。

テーマ2　94条2項の類推適用

　次の各事例について，AはCについて自己の所有権を対抗できるだろうか。事例の違いに着目しつつ考えてみよう。

　①Aは自己所有の建物を息子Bに無断でBの名義で保存登記していたところ，Bがこれに気がついて善意のCに土地を売却してしまった。

②Aは息子BにA名義での土地の購入を依頼し，必要書類を渡しておいたところ，売買契約成立後に勝手にB名義に登記していた。Aはこれに気がついたが，息子がやったことだからとつい放置していたら，Bは善意のCに本件土地を売却した。

③Aが従来から取引のあったBを信用して土地取引に必要な書面を交付し，Bが作成した書面に押印したところ，それらをBが利用して，BにA所有不動産の移転登記をし，同土地を善意のCに売却した。

1　問題の所在

はじめに，各事例の特徴や違いを見ることにより，問題の所在を明らかにすることにしよう。まず，①から③の共通点を見てみると，いずれの事例もAは，Bに対して，真の意味で所有権を移転しようという意思がない。それにもかかわらず，登記簿を見ると，外観上は（「見た目上は」という意味）Bに所有権が移転したような形になっている。そして，その外観を信頼した善意のCがBと取引関係に入っている。これだけ見ると，先に学んだ94条2項の適用場面のように見えなくはない。しかし，本当に94条2項を適用できるだろうか。

同条2項の適用に際して注意すべき点は，同項には「前項の規定による意思表示の無効は」と定められている点である。つまり，A・B間の何らかの行為が**通謀虚偽表示**に当たる場合についてのみ2項の適用が可能であるという点である。では，①から③の各事例においてA・Bは通謀を行っているだろうか。実はいずれ事例も，AかBが，真の権利関係を正しく反映していない虚偽の概観を一方的に作出しているに過ぎない。つまり，**通謀は存在していない**ということになる。したがって，一見すると事案が似ているにもかかわらず，94条2項の適用はできず，その結果，CはAから所有権を対抗されてしまうということになる。

2 問題解決の方法

94条2項を文言どおりに読めば，上のような結論になる。さらに，不動産取引の場面で上記のような場面に直接適用できる民法の条文は，ほかに存在しない（動産については192条がある）。このように，ある問題が発生しているが，それに対応する規定が存在しない状態のことを**法の欠缺**という。この場合，2つの解決が図られる。1つは，規定がないのだから，AはCに対抗可能としてよいという解決である。これを**反対解釈**という。これに対して，やはり，Cの保護のために何か手当てをするべきだという考えもあってよいだろう。そうした場合に，例えば，本問であれば，本問の状況に似た状況を解決するために用意された条文を適用を認める手段である，**類推適用**（類推解釈ともいう）という手段もある。

3 本問の場合

では，本問の場合，どのように考えるべきか。94条2項が権利外観法理という考え方に立つ規定であることは先に見た。今一度おさらいしておくと，虚偽の外観作出につき帰責性のある真の権利者は，自己の権利を善意の第三者に対抗できないという考え方であった。では，この考え方に沿って，①から③を見てみると，①の場面では，Aが自ら進んで虚偽の外観を作出しており，それをCが信頼している。②の場面は，Bが勝手に虚偽の外観を作出しているが，Aが黙認している。その点で，①と②の場面ではAに虚偽の外観作出の帰責性があるとしてよさそうである（判例も同様の見解に立っている）。③は少し難しい問題を含んでいるので，後述する。

そうだとすると，①と②の場面は，いずれも**権利外観法理**という考え方からすれば，Cは保護されてよい（つまりAからの所有権の対抗に反論できる），ということになりそうである。そこで，判例，学説は，このような場合に，94条2項を**類推適用**してCを保護することを認めている。上の議論から明

らかなように，94条2項の類推適用といっても，「善意の第三者がかわいそうだ」というだけでできるわけではない。第三者が善意であることに加えて，むしろ，判断の重要なポイントは，真の権利者に外観作出の帰責性があるか否かにある。そして，帰責性の判断方法は，真の権利者が虚偽の外観作出について何らかの形で意識的にかかわっているかどうかにより判断される。例えば，①ではAは積極的に虚偽の外観作出に関与している。これに対して②の場面では，虚偽の外観を作出したのはBであるが，それをAは気が付きながら放置したという点において，消極的に関与したとみられるのである。

　では，③の場合はどうだろうか。③の場合は，①や②の場合と比べて，Aに何か落ち度はあるだろうか。まず，①や②の場合のAのような意味での外観作出の帰責性がないのは明らかであろう。そうだとすると，③には94条2項を類推適用できないということになるだろうか。しかし，次のような考え方もあるのではないか。つまり，いかに，これまで取引関係のあった相手とはいえ，重要書類を渡したままチェックもせずにそのままにしておいたAにも何らかの落ち度があるのではないかと。そこで判例は，こうした場合について，94条2項と110条（本書**第7章**参照）の法意をくんでCの保護を認めた。こうするとで何が可能になるかというと，94条2項では要求されていない**無過失**を第三者に要求することができるのである。つまり，①や②の事例に比べて帰責性の低いAがCに対抗可能な余地を広げるため（逆に言えばCが保護されるためのハードルを上げるため）に，こうした解釈がなされたのである（最判平18・2・23民集60巻2号546頁）。こうしたある種の「微調整」は，先に見た95条4項の第三者保護要件の中でも行われている。

テーマ3　意思表示の解釈と錯誤

　次の場合に表示錯誤として解決すべき場面はどれだろうか。

　①AとBとの間で「ワニの肉を10kg購入する」という契約を締結し，契約書にも「ワニの肉」と記載されていたところ，ア．AもB

もそこでの「ワニ」という文言を「サメ」という意味で用いていた場合，イ．AもBも誤記に気が付かなかった場合。

　②Aの表示もBの表示も「ワニの肉を10kg購入する」という点では一致していたが，Aはここでの「ワニ」を「サメ」という意味で用いていたのに対して，Bは「カメ」という意味で用いていた場合。

　③Bのいる地方では，「ワニ」を「サメ」の意味で用いておりBもそのつもりでいたところ，Aはそれを知らずに，Bの所在地において「ワニの肉を10kg購入する」とBに述べた場合。

1　①について

　①のア．の場合には，一見すると，表示の意味と意思の間に食い違いがあるように見える。しかし，例えば，A・Bが住む地方では，サメのことをワニと呼んでいた場合には，表示の内容を客観的に見たとしても，そもそも食い違いすら存在しないことになる。こうした場合には，いずれにせよ，ここではいわゆる「サメ」の意味に解釈すればよく，錯誤を論ずる余地はない。

　イ．の場合はどうだろうか。両方とも誤記をしており，その点で，表示上の錯誤が生じているともいえる。しかし，果たして，錯誤による取消を認める意味はあるだろうか。むしろ，ここでの「ワニ」という表示を「サメ」という意味に解釈して契約を有効にすることのほうが，当事者の意思に合致しよう（法の古い格言に「誤表は害さず」というものがある）。したがって，この場面でも，錯誤を問題とする必要はないといえる。

2　②について

　では，②の場合はどうだろうか。AもBも，「ワニ」という言葉に，異なる意味を結びつけてしまっており，内心の意思は一致していない。ここでも，個々の意思表示をみると，AもBも表示錯誤に陥っているといえる。こう

した場面は，**無意識的不合意**の場面と呼ばれている。こうした場合において，では，一旦，契約を「ワニ」の意味で成立させておいて，そのうえで，錯誤（取消し）の問題とするべきであろうか。それとも，そもそも契約を不成立（無効）とするべきであろうか。不成立とすべきだという考え方は，ここで「ワニ」の意味で契約を成立させても，両当事者が望んでいない契約を成立させることになることから妥当ではないという点を根拠とする。これに対して，錯誤による解決を支持する見解は，契約書レベルで合意しているにもかかわらず，その文言の意味を両当事者が異なる意味で理解していたという理由で契約を不成立にするというのは，契約実務を不安定にするとする。また，こうした場合に不成立を認めては，錯誤規定が存在する意味がなくなるとする。

3　③について

③の場合は，Bの意思表示には問題がないのに対して，Aの意思表示には意思と表示の間に不一致がある。その点で，これまで見てきた①と②の場面とは状況が異なる。①のように，両当事者の内心が一致している場面でもなければ，②のように，両当事者とも表示に異なる意味を結びつけている場面でもない。その点で，学説上③の場面を錯誤の場面とすることについて争いはない。

このように，錯誤については，まず意思表示の解釈が先行し，その後初めて，錯誤の問題となるのである。

第7章　代理

基　本　事　項

第1節　代理制度の基本

1　代理制度とは

　代理制度とは，本人に行為能力が欠けていたり，時間的余裕や専門的知識の不足などを理由に，自分に代わって一定の取引を代理人に依頼し，代理人が相手方と行った法律行為の効果が本人に帰属することを認める制度である。それでは，なぜそのような制度が必要なのであろうか。既に**第2章**で制限行為能力者制度について学んだが，行為能力が十分でない者の取引活動や財産

の管理を行うために代理制度が必要となる（**私的自治の補充**）。また，時間的，場所的な限界がある場合，専門的知識が不足している場合に，本人に代わって代理人が代理行為を行うことで，取引活動をより拡大することができる（**私的自治の拡大**）。さらに，**第3章**で学んだ法人が取引する場合に，法人は観念的存在であることから，法人に代わって取引を行う人が必要となる。以上のような社会的要請により民法において代理制度が規定されているのである。

2　代理の種類

代理には，**法定代理**と**任意代理**とがある。法定代理人は法律により代理権を有することを定められた者である。制限行為能力者の中の未成年者と成年被後見人に対する保護者の役割を果たす，親権者，未成年後見人，成年後見人の3者に加え，不在者財産管理人が法定代理人である。

本人が代理人を選んで代理権を与える場合を任意代理という。任意代理は，制限行為能力者の場合ではなく，健常な成年者によって利用される制度であり，取引社会でしばしば利用される。行為能力が制限されていない者であっても，自らが取引すなわち契約をするには，時間的，物理的，経験能力として限界がある場合に，代理人を立て，代理人に取引行為をしてきてもらう，というのが代表的な例となる。

3　代理制度の当事者

代理制度のしくみの実質は，法定代理と任意代理に共通して，以下の当事者によって構成される。①本人：代理権発生の根源となる人であり，代理行為の成立によって，債権者や債務者となる。②代理人：本人に代わって取引行為（＝代理行為）を実際に行う人である。③相手方：代理行為の相手方，本人の取引（多くは契約）の相手方である。

表1　法定代理と任意代理

法定代理		任意代理
親権者，未成年後見人 成年後見人 不在者財産管理人	種類	代理人
民法の規定による制限行為能力者の場合は，本人の意思は介在しない。 不在者財産管理人の場合は，本人の意思が介在しうる	成立の仕方	本人が代理人に授権100％本人の意思に基づく
法律の規定による。不在者財産管理人は財産管理	代理権の範囲	授権契約の内容による
自己の責任でいつでも復任できる	復任権	本人の許諾がある場合，またはやむを得ない事情があるとき

4　代理権

(1)　代理権の授権

　代理制度とは，本人に代わって他人である代理人が法律行為を行い，その法律効果は本人に帰属する制度である。**代理権を代理人に与えることを，授権**または**代理権授権行為**というが，授権の際に必ずしも委任状を要件とはしない。本人と代理人との間での合意がありさえすればよい。委任状とは，本人Ａが書面に「私Ａは，Ｂを代理人として○○をするための権限を委任します。○年○月○日」と書いた上で自らの署名捺印をしたものが一般的である。この場合の捺印には認印の場合もあれば，印鑑証明書を添付した実印による場合もある。権限の種類と相手方によって異なる。

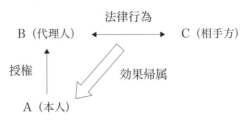

図1　代理制度の当事者

【コラム：代理と委任契約の違い】

　授権契約は，本人がある人を代理人として定め，これに授権することを内容とする。この行為を「単独行為」あるいは委任類似の「契約」であるとして，法律行為の種類に違いがあるか否かを論じる実益はあるのだろうか。現実的には，確かに「委任契約」（643条〜656条）の申込みに際して，代理人が一定の法律行為をすることを承諾し，代理権が発生する。その際，代理人には善管注意義務が発生するが，授権行為に伴って必ずしも代理人に義務を負わせない場合もあり得るので，委任契約ではなく単独行為であると論じるのが両者の違いが意味することである。しかし，代理権の終了は，本人と代理人の間の内部関係が終了することであるという点では，委任契約であっても単独行為であっても同じであり，法律行為の種類の違いを強く意識する必要はなさそうである。

【コラム：白紙委任状】

　一般的な必要事項を定めずに作成された委任状を，白紙委任状という。代理人氏名または授権内容を明記していないことが多い。何らかの会議を欠席するときに，授権内容や代理人を明記すると委任状が意味をなさなくなることを避けて作成される。株式会社の総会では，商慣習として作成されるのが通常である。他方で，代理人が代理権を濫用する契機ともなり，後述する表見代理で問題となる。

(2) 代理権の範囲

i 法定代理の代理権 法定代理の代理権の範囲は法律により定められている。親権者については民法820～833条，後見人については853～869条，不在者財産管理人については28条にそれぞれ定められている。

ii 任意代理の代理権 任意代理人の場合，当事者間で代理権の範囲に問題が生じたときには，まず授権行為を解釈することになる。例えば，売買契約締結の代理権を授権された代理人には，当該購入不動産の登記は授権の範囲内になる。しかし，売買契約交渉が不調に終わったとしても，代わりに同じ不動産について賃貸借契約を締結できない。授権行為の範囲外と解釈できるからである。

代理権はあっても，その権限に明確な定めがない場合には，民法103条が定める，**保存行為，利用行為，改良行為**に限られる。**保存行為**とは，財産全体として現状維持をする行為である。家屋の修繕，借金の弁済，農作物の売却などが該当する。**利用行為**とは，収益を図る行為であり，土地を駐車場として賃貸する，現金を預貯金にするなどである。**改良行為**とは，物の価値を増やす行為であり，家を増築する，荒地を整備するなどである。利用行為と改良行為では，取引観念に照らして，元来の物の性質を変えない範囲でなされる必要がある。これらの行為は，本人の利益も第三者の利益も害さない場合に認められる。

(3) 代理権の制限

本人の利益が不当に害される行為を禁じる目的で原則として禁止される代理行為が，自己契約と双方代理（108条），利益相反行為である。

i 自己契約・双方代理 **自己契約**とは，授権された法律行為につき，代理人が本人の相手方となることをいう。例えば，AがBに対して自己所有の不動産を売却する際に，AがBの代理人になる場合である。このような場合，代理人が自己の利益を図る危険性があるため自己契約は原則として禁止されている。

双方代理とは，代理人が当事者双方の代理人となることをいう。例えば，AがBに対して自己所有の不動産を売却する際に，CがAとB双方の代理人になる場合である。このような場合，Cがどちらの側にも立てるため，恣意的な取引をするおそれがあることから，双方代理は原則として禁止されている。

　上記のような，自己契約，双方代理は本人の利益を害するおそれがあることから原則これを禁止しており，これらがなされた場合には，無権代理行為となる（108条1項）。無権代理行為となるため，113条から117条の無権代理の規定が適用され，事後の追認（113条）や相手方から本人に対する催告（114条）も可能である。

　ただし，代理行為が債務の履行である場合，本人があらかじめ許諾した場合，自己契約，双方代理の行為の効果は本人に帰属する（108条1項ただし書）。すでに債務があり，それを履行するだけであれば本人に不利益が生じないし，また，本人が自己に不利益が生じる危険を覚悟しているならば禁止する必要がないからである。

ⅱ　利益相反行為の禁止　　代理行為によって，代理人が自己に有利で本人に不利な状況を作り出す**利益相反行為**も当然禁止される（108条2項）。利益相反行為は無権代理行為とみなされる。ただし，本人があらかじめ許諾した行為についてはこの限りではない（108条2項ただし書）。利益相反行為に当たるかどうかの判断については，親権者と子との間での利益相反行為（826条）が問題となった判例（最判昭42・4・18民集21巻3号671頁）において示された外形説（代理人の動機，意図ではなく行為の客観的な外形により判断される）に依拠するものと考えられる。

(4)　代理権の濫用

　代理人が代理権の範囲内の行為であるが，自己もしくは第三者の利益のために代理行為を行うことを**代理権の濫用**という。例えば，Y社のために商品の仕入れを行う代理権をもつ社員Aが，Y社に代金支払い債務を負わせる

意図をもちながら，Y社の代理人であると顕名した上でX社と取引を行い，それにより得た取引商品を他に転売して自らがその利益を横領した場合などがその例である。この場合，Aが行った代理行為が有効とされX社がY社に対して商品代金を請求できるかが問題となる。民法（債権関係）改正以前においては，代理権濫用についての明文規定はなかったため，判例は，民法93条を類推適用し，相手方が代理人の行為が自己または第三者のために行われたことについて悪意の場合には，代理行為の効果は無効とされるが，善意の場合には有効な代理行為とされるとしていた（最判昭38・9・5民集17巻8号909頁）。

　改正民法107条は「代理人が自己又は第三者の利益を図る目的で代理権の範囲内の行為をした場合において，相手方がその目的を知り，又は知ることができたときは，その行為は，代理権を有しない者がした行為とみなす」と規定し，以前の判例の立場を採り入れている。以前の判例理論と異なるのは，代理権濫用とされた場合に，判例理論では当該代理行為が無効とされたのに対して，新107条では，**無権代理**として扱われる点である。

(5) 復代理

　代理人が，さらに別の者に代理行為を行わせることを**復代理**という。AからA所有の不動産の売却を依頼された代理人BがさらにC（復代理人）に本人Aを代理させて不動産を売却させる例がこれに当たる。復代理人は代理人の代理をしているわけではなくあくまでも本人を代理していることに注意してほしい。有効な復任（復代理人を選任すること）がなされると，復代理人が行った代理行為の効果は，本人に帰属することになる。

i　任意代理の復代理　　任意代理の場合，本人は代理人を信用して授権しているのであるから，本人としては代理人が勝手に復任されては困る。そこで，本人の許諾を得た場合，緊急な事情があり本人の許諾を得ることができないなど，やむを得ない事情があるときのみ復代理人を選任できる（104条）。復代理人の過誤等により本人に損害が生じた場合の，代理人の責任について

は，債務不履行の一般原則によることになる。

ⅱ　**法定代理の復代理**　　法定代理の場合は，いつでも自己の責任で復代理人を選任できるが，復代理人の過誤等により本人に損害が生じた場合の，代理人の責任については，選任監督について過失の有無を問わずに代理人は全責任を負わなければならない。ただし，やむを得ない事由があって復代理人を選任した場合には，本人に対して復代理人の選任，監督についてのみ責任を負う（105条）。

(6)　代理権の消滅

　代理権の消滅については，法定代理と任意代理に共通の原因と，それぞれに特有な原因がある。

ⅰ　**法定代理，任意代理共通の原因**　　本人の死亡，代理人の死亡もしくは代理人に後見開始の審判がなされたか破産手続開始の決定などの場合である（111条）。この場合の「死亡」には，失踪宣告も含まれる。ただし，本人と代理人との間の特約や授権の趣旨から，本人の死亡によっても代理権が消滅しない場合もある。また，商行為の委任による代理権は，本人の死亡によって消滅しないと定められている（商法506条）。

ⅱ　**法定代理，任意代理それぞれに特有の原因**　　法定代理では，後見人に欠格事由が生じる場合などが定められている（25条2項・26条・834条・835条・846条）。任意代理において委任契約が締結されている場合には，委任事務自体が終了した場合に当然に終了する（653条）。委任契約の解除，本人に破産手続開始が決定した場合も同様である（651条・653条）。任意代理が，雇用や組合などの契約により生じている場合にも，その内部関係が終了することによって代理権は終了するが，内部関係を存続させたままで代理だけを終了させることも可能である。

5　代理行為

(1)　顕名

　代理人Bが代理行為を相手方Cと行う際には，自らは本人Aではないことを相手方に知らせる必要があり，これを**顕名**という。顕名は，民法99条が定めるように「本人のため」であることを相手方に知らせる行為であるが，意思表示全体として本人Aが誰であるかわかればよく，必ずしも本人Aの氏名，住所などを明示する必要はない。ただ，代理人BがAの代理人として顕名をしなかったため，相手方CがBを本人と勘違いした場合には，民法100条によりBの行った代理行為はB自身のための行為とみなされ，契約はB・C間で成立する。それに対して，Bが自身の氏名を示さずに本人Aの氏名だけを示した場合には，Bに代理意思が認められる限り，有効な代理行為としてA・C間の契約成立となる。また，BがAの代理人であることをCに示さなかったとしても，Cが本人はAだと知っているまたは普通なら気づくはずであるのなら，Bの犠牲においてB・C間で契約を成立させる必要はないため，契約はA・C間で成立する。

(2)　代理行為の瑕疵

　代理行為の場合には，代理人自身が意思表示を行うのであるから，意思の不存在，錯誤，詐欺，強迫またはある事情を知っていたこともしくは知らなかったことについて過失があったことによって影響を受けるような場合には，その事情の有無は代理人を基準として判断される（101条1項）。改正民法においては，代理人が相手方にした意思表示の場合と，相手方が代理人に対してした意思表示の場合を分けて規定されている。

　特定の法律行為をすることを委託された代理人がその行為をしたときは，本人は自ら知っていた事情について代理人の不知を主張することはできない（101条3項）。

(3) 代理人の能力

　代理人は，任意代理の場合は本人が選ぶので，本人さえよければ制限行為能力者でもよい。取引行為の際に代理人が判断をするため，事理弁識能力である意思能力は必要であるが，成年に達して行為能力を有していることまでは求められず，未成年者でも代理人として有効な取引をすることができる。未成年者，被保佐人，被補助人が代理人であっても行為能力を制限されていることを理由として，当該代理行為の取消しを行うことはできない（102条）。法定代理の場合は，行為能力者でなければならないとされる場合が多い（833条・847条・867条・876条の2・876条の7第2項）。

第2節　無権代理と表見代理

1　無権代理

(1)　無権代理

　Bは代理権が無いのに，Cに対して「Aの代理人だ」と告げ，Cとの間でA所有の不動産甲の売買契約を締結し，代金を受け取った。CがAに甲の所有権移転登記を求めたら，Aはこれに応じなければならないだろうか。Aが応じない場合，Cはどうすればよいだろうか。

　このように，代理権がないにもかかわらず，顕名がなされ，代理行為が行われた場面を無権代理という（Bを無権代理人という）。そのような場合，保護されるべきなのは，本人だろうか，それとも相手方だろうか。

(2)　無権代理の原則的効果

　こうした無権代理の原則的効果は**無効**である（民法113条1項）。この場合，「本人」Aは，Bに代理権を与えていない以上，Bという他人が行った行為の結果について，Aには何の法律効果も帰属しないからである。したがって，いくらCから土地の明渡しなどの履行請求をされても，Aには何の債務も

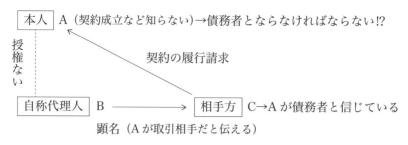

図2　表見代理

発生していないため応じる必要はなく，また，Cには甲の所有権も移転していない以上，Cからの所有権移転登記請求にも応じる必要はないということになる。

(3)　問題解決の筋道

　しかし，これではAとの取引が成立したと信じているCはどうなるのか，という問題が生じる。そこで，民法は本人がとりうる手段と相手方がとりうる手段として，次のような制度を用意している。

i　本人のとりうる手段——本人の追認・追認拒絶　　まず本人がとりうる手段としては，本人による**追認**および**追認拒絶**がある。例えば，Aにはいくつかの不動産があり，Cを気の毒に思ってこの不動産をCに譲るしかないと思う場合もあろう。その場合，Aはこの無権代理行為を有効な代理行為として認める意思表示をCに対してすることができる。この意思表示が**追認**である。ただし，本来Aには追認の義務はないので，そのまま返事しないことも，積極的に追認を拒絶することも可能である。Cから催告がなされる前で，Aが無権代理行為の事実を知ったときに，追認または追認拒絶ができる。113条2項の趣旨である。この場合の追認の意思表示を行う相手方はBとCのいずれでもよい。

ii　相手方のとりうる手段①——催告・取消　　このように本人による追認または追認拒絶がなされれば，Cもその後の動きがとりやすいが，Aが特に何

のアクションも起こさない場合には，Ｃとしても困ってしまうだろう。そこでＣにはＡに対して**催告**することが認められている（114条）。催告とは，相当期間を定めてＡに対して追認するのかしないのかの確答を求める行為であるが，重要なのは，Ａが相当の期間内に確答しない場合には，追認拒絶とみなされる点である（114条後段）。民法20条も催告の規定を置いているが，こちらは相当期間内に確答を発しない場合には，追認したものとみなされる。114条が無効を前提としているのに対して，20条が取消し（つまり原則は有効）を出発点としているという違いに由来する。

　Ｃは，「無権代理人がからむ取引なんかこれ以上関わりたくない」と考えるかもしれない。そこで，民法はＡが追認する前なら，Ｃにこの契約を取り消すことも認めている（115条）。

> **【コラム：無権代理における「無効」の意味】**
>
> 　113条2項の「追認」は，無効行為を有効にする行為だが，本人Ａは無効行為の当事者ではないため119条ただし書は適用されない。Ａが取引行為が無権代理行為であるゆえに無効であると知って行う追認は，新たな法律行為にはならない。また，無権代理行為はＢが行ったものであり，Ｃは被害者として取り消すことができるという趣旨で，Ｂが取り消すことのできる行為ではない。それゆえ122条以下（取り消すことができる行為の追認）も適用されない。このように，無権代理行為の効果としての「無効」は，やや特殊な「無効」であるといえる。

iii　相手方のとりうる手段②──無権代理人に対する責任追及　　相手方がとりうる手段の2つ目としては，無権代理人に対する責任追及がある。これは，本人が追認拒絶した場合の解決方法である。この場合，ＣはＢに対して，履行の請求（甲をＣに引き渡すよう請求）または損害賠償の請求（甲が手に入らなかったことによる損害等の賠償請求）ができ，そのどちらかをＣは選択することができる（117条）。

　ただし，ＣがＢが無権代理人であると知っていた場合（117条2項1号），

Bに代理権が無いことをCが過失により知らない場合（同項2号），Bが制限行為能力者（未成年者，成年被後見人，被保佐人）の場合（同項3号）には，無権代理人は責任を負わない。

　他方で，無権代理人Bについては，無権代理を行ったことについて，特に故意や過失は要求されていない（無過失責任）。

iv　相手方のとりうる手段③——表見代理の成立を主張　3つ目が，表見代理による解決である。上の例で，Cがどうしても甲を譲り受けたいと考えている場合，Aに履行拒絶されてしまうと，Bに責任を追及しても，Bは甲をCに渡すことは不可能である。そうすると，実際のところは，損害賠償で我慢せざるを得なくなるが，それすらも，Bに資力が無かったり，行方不明だった場合には空振りに終わってしまう。

　そもそも，BがAの自称代理人と名乗るのは，AとBは見ず知らずの関係ではなく，何らかの人間関係があり，そのためCもBがAの代理人であると信じ込んでしまった可能性もあるだろう。そこで，民法は一定の要件が整っている場合に，Aに無権代理により発生した効果を帰属させて責任を負わせる制度を用意した（109条・110条・112条）。これを**表見代理**という。この表見代理という制度は，本人が，無権代理人の「有権代理人らしい外観」の作出に関与していることに基礎を置いた制度である。つまり，94条2項のところで学んだ**権利外観法理**の1つに位置づけられるものである。

無権代理行為が行われた場合

――本人のとりうる手段――

①　追認（有効な代理行為と認める）：代理行為の効果が本人に帰属する（116条）

②　追認拒絶：代理行為の効果が本人に帰属しないことに確定

③　何もしない：不確定な状態が継続

┌─相手方のとりうる手段──────────────────────
│ ① 催告：本人の態度決定を迫る（114条）
│
│ ② 取消：代理人との契約を解消（115条）
│
│ ③ 無権代理人の責任追及（117条1項）
│
│ ④ 表見代理の主張：権利外観法理（109条〜112条）
│
│ 　本人と相手方との間に有効な契約が成立したとして，本人が履行責
│ 任を負う
└──────────────────────────────────

2　表見代理

　では，どのような場合に表見代理は成立するだろうか。無権代理が行われ
た場合に，本人に履行責任を負わせる制度を表見代理という。表見代理は，
取引の相手方にとっては有利だが，本人にはリスキーであるので，本人がリ
スクを負うだけの状況（＝権利の外観）を作っていた場合で，相手方が代理
人が実は無権代理人であったことについて善意かつ無過失の場合という要件
が整っている場合にだけ成立する。

　民法には，代理権授与の表示による表見代理（109条），権限外の行為の表
見代理（110条），そして代理権消滅後の表見代理（112条）の3種類が用意さ
れている。

(1)　代理権授与の表示による表見代理（109条）

i　109条1項の適用場面と要件・効果　　109条は本人AがBに代理権を授
与していないにも関わらず，相手方に「Bに代理権を授与した」と表示し，
実際Bがその表示された代理権の範囲内の行為をした場合が，109条が規定
している場面である。例えば，Aは自分が販売している商品の営業の仕事を
Bに任せた旨をCに告げたが，本当はBの信用を高めるために，Bに頼ま
れてそう言ったに過ぎなかったところ，BはAの代理人として実際にAの

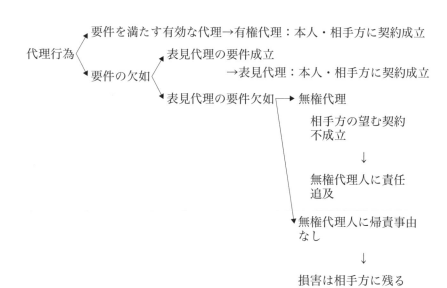

図3　代理行為と要件の欠如

商品を C に売却する契約を結んでしまったといった場面である（その他代理
権授与表示をめぐる問題については**【発展問題】テーマ1　基本代理権をめぐる
問題点**）。

　C が109条に基づき A に対して契約上の請求をするためには，① A から B
に代理権が与えられた旨の表示があり，② B が①の表示に基づき，顕名し
たうえでその範囲内で代理行為を行ったこと，③ C が B の無権代理につい
て善意無過失であることである。

　上の例では，B は A の無権代理人で，A は C に対して，B への代理権授
与の表示をしたことになるので，民法109条によって表見代理が成立し，有
権代理と同様の保護を C は受けられる。つまり，C は A から商品の引渡し
を得られるか，A が引き渡さない場合には，A に対して債務不履行責任を追
及できる。

　ところで109条は，任意代理だけに適用され，法定代理には適用されない
と解されている。法定代理の場合，本人による代理権授与表示というものが，

そもそも考えられないからである。

ii　109条2項の適用場面と要件・効果　　つぎに，109条2項の適用場面について見て行こう。例えば，YがXに対して，「Aに対して土地甲の賃貸借に関する代理権を与えた」と表示したところ，AがXとの間で甲の売買契約を結んでしまった，という場合を考えてみよう。旧109条によれば，代理権授与表示による表見代理は，あくまで，表示された代理権の範囲内の行為についてのみ，表見代理の成立を認めてきた。他方で，Aは，表示された代理権の範囲を逸脱しているので次に見て行く110条の問題となりそうであるが，これについては基本代理権が与えられている場合に限られる。つまり，旧法下では，この問題にぴったり対応する規定が存在しなかったのである。

　そこで，判例は，白紙委任状の交付を受けたAが，Yの代理人を装い，Yから頼まれてもいないのにY所有不動産甲についてXとの間で交換契約を締結し，甲の移転登記を済ませ，さらにXから追加金の交付も受けたという事案について，109条と110条のいずれもすべての要件を充足しているとは言えないものの両規定の趣旨を踏まえて，両規定を**重畳適用**（あわせて1本にするという意味）して，表見代理の成立を認めてきた（最判昭45・7・28民集24巻7号1203頁）。そして，民法（債権関係）改正により，109条に第2項が加えられ，表見代理責任が明文化された。

（2）　権限外行為の表見代理（110条）

i　適用場面　　109条の場面が無権代理人に対して，全く，代理権が与えられていない場面なのに対して，110条では，**基本代理権**は与えられているものの，その範囲を超えて代理行為が行われた場合について規定している。

　Aは東京出身だが地方に転勤になった会社員であるとしよう。Aの家族は，東京に残してきた母だけできょうだいはいない。母が急逝したため遺産となった不動産甲を賃貸するため，友人Bに実印等を預け，賃貸借契約一切をとりしきるよう依頼して地方都市に戻った。借金で身動きがとれなくなっていたBは，Aから預かった実印等を使って，甲をCに売却し，売却代金を

持ち逃げした。何も知らないＡの下へ，Ｃが甲の登記移転を請求してきた。Ａは登記に応じなければならないか。

ii　要件・効果　　権限外行為の表見代理の要件を詳しく見ると，①本人から代理人に依頼した代理行為に関する**基本代理権**の存在（基本代理権の存否が争われた事件について**【発展問題】テーマ1　基本代理権をめぐる問題点**），②ＣがＢに代理権ありと信じるのも無理がないという正当事由（具体的には相手方には取引上の注意義務を尽くしても，無権代理だとはわからなかったという状況であり，善意無過失のことと理解してよい），そして③Ｂが基本代理権を踰越した代理行為を行ったことである。

　この事案では，ＢはＡの賃貸借契約を締結する代理権を授権されていたが，この代理権を権限外行為である売買契約に流用したので，Ｂの行った行為は，権限外の代理行為となる。Ｂに代理権があると信じたＣの信頼が正当である場合には，実印を渡して代理権という権利の外観を作ったＡに帰責性を認めるのが，権限外行為の表見代理である。この場合，Ａは登記に応じるか，債務不履行責任を負うこととなる。

【コラム：110条における「正当な理由」の判断方法】

　詳しくは**【発展問題】テーマ1**で解説するが，基本代理権は上述の例のように，明確な形で与えられているとは限らず，「本人に責任を負わせても仕方ない」といった場面に拡張されつつある。これは110条も「権利外観法理」のあらわれの1つであることと密接に関連している。そして，本来は，本人の帰責性とは全く別の問題であるはずの相手方の善意無過失の判断においても，本人の帰責性の度合いも含めて総合的に判断されるようになる。

　その場合，代理行為がどのような取引であるかも大きく関わってくる。不動産取引では慎重な認定が必要となるし，保証契約ではあまりに本人に不利な条件では，相手方に調査義務を課すことが当然となる。また，実印の交付がなされた上での不動産権利証の交付では代理権の存在の推定ができるとされているが，実印の交付だけでは正当事由は否定される傾向にある。実印を用いる取引がある種の取引に限定されることと，実印に関わる印鑑証明制度

が印鑑登録証明制度に移行していることも関わっている。

　このように，110条の「正当な理由」は，諸般の事情を総合的に判断して，その有無が決せられるのである。

(3)　代理権消滅後の表見代理

i　112条1項の適用場面と要件・効果　　代理権が消滅した後も，相手方にそのことを通知するまでの間に代理行為がなされる場合がありうる。こうした場合，本人には代理権が存在するような外観を撤回しなかったことに帰責性が認められる。代理権消滅後の表見代理とは，そのような問題に対処する制度である。例えば，Cは以前，A商店の店員Bの注文に応じて商品をAに販売し，商品の引渡・代金の支払をBとの間で行っていた。今回もBが注文してきたので商品を引き渡し，後日Aに代金を請求したところ，Bは今回の注文直前にAに解雇されており，Aには寝耳に水のことだったといった場合である。

　要件は，①過去に代理権が与えられていたこと，②代理行為の存在，③相手方の善意無過失である。これらの要件が整えば表見代理が成立し，本人は契約の履行または損害賠償請求に応じなければならない。

ii　112条2項の適用場面と要件・効果　　1項の場面は，過去に存在した代理権の範囲内の行為が行われたことを前提としていることから，109条のところで見たのと同様に，その範囲を逸脱した代理行為が行われた場合の解決方法がかつて問題となった。例えば，Aの叔父Bは，Aが未成年の当時から約15年にわたりAの母親からAの実印を預かり保管していた。それは，実印の悪用を避けるためであり，Bには使用権限はなかった。その後保管期限が終了したにも関わらず，Bはその実印を用いて，Aを自己の連帯保証人としてC銀行から借入れをした。CからAに対して，保証債務の履行請求がなされたという場面で，判例ではここでもやはり旧112条と旧110条の重畳適用が行われてきた。そうした判例法理を明文化したのが112条2項である。

上の例で，Bが実印を預かっていたのは無償の寄託契約ともいえるもので，Bには保管する権限しかなかったので，Aに代理するとしたら代理占有（181条）のように占有機関としての占有であり，そのほかの権限は存在しない。しかも，保管期限は終了しており，この代理占有自体も終了しており，実印をAに返還する義務が生じていると考えられるところ，Bは返還せず，Aも返還請求をしていない。つまり，代理権消滅後であり，しかも権限外行為に当たる。Cが，Bが代理人であることについて善意無過失にBを信頼している場合に，Aは履行責任または債務不履行責任を負うことになる。Cは，Bの過去の代理権の存続についてまで信頼している必要はなく，正当理由までは要求されていない。

3　無権代理と表見代理の関係

(1)　2つの考え方

これまで見てきた表見代理が成立するならば，無権代理人に対して責任追及をする必要はない。では，表見代理の主張をせずに，無権代理人の責任を追及することは可能であろうか。この問題について，従来，2つの説が対立してきた。

①1つ目の説は，次のように主張する。表見代理は，無権代理行為が行われたことが常に前提となっている。つまり，表見代理とは広い意味では，無権代理の一種である。したがって，あえて表見代理を主張せずに，無権代理人の責任を追及することも許されると。

②2つ目の説は，表見代理が成立しないときに限り，無権代理人の責任追及が問題となるという説である。

(2)　両説の影響

この説の違いが，具体的な問題にどのように影響するだろうか。117条2項2号本文は，相手方が悪意・有過失の場合には，無権代理人に対して責任

追及できない旨を規定している。つまり，相手方が，無権代理人に対して責任を追及することができるのは，無権代理人が代理権を有しないことについて善意無過失の場合となるが，そうだとすると，ほとんどの場合，表見代理も成立することになる。

　この場合，①の見解によれば，相手方は，あえて表見代理の成立を主張せずに無権代理人の責任を追及することができるが，②の説による場合には，表見代理が成立しない場合には，ほとんどの場合，無権代理人の責任追及もできないという結果となる。そこで，②説をさらに進めて，ここでの「過失」を「重過失」と読み替え，相手方に軽過失がある場合には，表見代理は成立しないものの，無権代理人の責任は追及できるとする見解もあらわれた。

(3)　判例の見解

　では，判例はこの問題について，どのように考えているだろうか。最判昭62・7・7民集41巻5号1133頁は，相手方が，あえて，無権代理人に対して責任追及をしてきた際に，無権代理人の「表見代理が成立するのだから，自分にではなく，本人に請求してくれ」という主張を認めなかった。つまり，判例は，②説は採用していないことになる。

発 展 問 題 ＞＞＞

テーマ1　基本代理権をめぐる問題点

　次の各場合において基本代理権があるといえるか。

　①Xの夫AはB商店を主宰していたが倒産し多額の借金を負っていて，X所有不動産で，Xの収入にて暮らしていた。Aの債権者の1人Yへの返済のため，AはXに無断でX所有不動産を処分し，契約

書にはXの氏名を書きXの印鑑を捺印し，所有権移転登記も済ませた。後になってこの事情を知ったXは本件不動産移転登記の抹消手続を請求したのに対し，YはAの日常家事代理権に基づく表見代理の成立を主張した。後にXとAは離婚している。

②YはA金融会社の投資勧誘外交員だが，病身のため長男のBが勧誘業務を担当していた。XはBの勧誘に応じてAに貸付をする際，Yを保証人とする保証契約をしたが，これはBが勝手にYを代理していたものだった。その後Aが倒産し，Xは保証契約に基づき，Yに投資資金の返還を請求した。

1 問題の所在

110条の表見代理の基となる代理権を，基本代理権というが，この基本代理権は，必ずしも明確な形で代理人に与えられているとは限らない。

そうした場合の基本代理権の有無の判断については，本人に，無権代理行為の効果を帰属させてもやむを得ないような帰責性が存在するかどうかという観点から判断されることとなる（権利外観法理）。例えば，実印や印鑑登録証明書の保管は，慎重さが求められるものであり，これらを交付するのは自らが保管する以上に慎重でなくてはならない。したがって，これらを交付した場合には代理権があるかのような外観作出への関与が認められても当然のこととなる。

2 日常家事債務（761条）と基本代理権

①の事例で最判昭44・12・18民集23巻12号2476頁は，AとXが夫婦であることから民法761条の定める日常家事代理権を根拠として，基本代理権の存在を認めた。しかし他方で，110条の適用を広く認めることは夫婦の財産の独立を侵害することになる。したがって，「当該越権行為の相手方である

第三者においてその行為が当該夫婦の日常の家事に関する法律行為の範囲内に属すると信ずるにつき正当の理由のあるときにかぎり」，民法110条の趣旨を類推適用するべきであるとした。

そして，日常家事代理権とは一般的な生活上の事柄に関する代理権をいい，不動産処分にかかる取引とはそもそも次元が異なる。そこで最高裁も，「右事実関係のもとにおいては，右売買契約は当時夫婦であった右Ａと被上告人Ｘとの日常の家事に関する法律行為であったといえないことはもちろん，その契約の相手方である上告人Ｙにおいてその契約が被上告人Ｘら夫婦の日常の家事に関する法律行為の範囲内に属すると信ずるにつき正当の理由があったといえないことも明らかである」として，110条の類推適用を否定した。

3　法律行為以外の行為の代行権限

②の事例において，原審では，Ｂに基本代理権があるとして，権限外行為の表見代理の成立を認めたため，Ｙが上告した。これに対して，最高裁判決では基本代理権が意味する代理権は法律行為の代理権の場合だけとする代理権限定説を採用し，原審を破棄した（最判昭35・2・19民集14巻2号250頁）。本件に関して，取引の安全説（もっともな事情の有無，本人の静的安全を確保すべきである）や表見法理説（本人に帰責性がある場合に，本人よりも相手方の信頼を保護すべき），基本権限説（本人が権利の外観作出に関与している場合に，その権限が対外的に重要な行為をする権限か否かで判断すべき）が唱えられた。

結論として，権利外観法理は外観作出に本人が全く関与していないときにまで責任を及ぼすべきでないとすることとなる。その結果，基本代理権を拡大して解釈するのではなく，相手側の事情すなわち正当事由による調整がなされることとなる。

　上の事例は，大きく分けると，①<u>無権代理人が本人を相続した場合</u>と②<u>本人が無権代理人を相続した場合</u>の2つの場面に分けることができる。

1　無権代理人が本人を相続した場合

(1)　問題の所在

はじめに，ここではそもそも何が問題となっているのだろうか。本人A

には，前述のように追認権や追認拒絶権がある。これらの権利を行使しないままＡが死亡した場合，相続人であるＸは，これらの権利を相続することになる。そうすると，Ｘは，本件取引につき追認拒絶することができてしまう。しかし，そもそも無権代理を行ったのはＸであるのに，これを認めてしまって良いのだろうか。

なお，本人が追認拒絶してから死亡し，無権代理人が相続した場合について，判例は，無権代理人が追認拒絶の効果を主張することを認めている（最判平10・7・17民集52巻5号1296頁〔無効確定説〕）。

(2) 無権代理人が単独相続人の場合

①ア. の事案で判例（最判昭40・6・18民集19巻4号986頁）は，この点について**資格融合説**を採用して追認拒絶を否定している。資格融合説とは，相続によって資格が一体となり，追認があったのと同様な効果（追完）が生じているとしている。無権代理人が本人を相続したのだから，無権代理行為をした者としてその責任を免れないのは当然である。この場合，無権代理人責任よりも厳しく，本人に不動産を手放させてもやむを得ない取引であるゆえに，本人を代理する権限が与えられていたとして，本人が追認したと同様の効果を認めることとなる。

これに対して，Ｘにはそもそも2つの地位があるという**資格併存説**からの批判もある。Ｘには無権代理人という資格と，相続人（本人Ａ）の資格の2つがあるが，これらを自由に使い分けることは相続人である無権代理人には信義則に照らして許されないという結論を導く。

資格併存説には，さらに本人の資格で追認拒絶ができるという完全併存説も成り立つ。完全併存説に立つと，無権代理人による追認拒絶も認められることになるが，これは法の趣旨からして受け入れがたいと考えられる。

(3) 無権代理人に共同相続人がいる場合

①イ. の事案でＡの死亡によって，Ａ所有地はＸとＢが共同相続し，遺

産分割まではXとBが共有することとなる。XとBの相続分がそれぞれ平等と想定すると2人には潜在的に相続分が2分の1ずつあり，無権代理行為を行ったXに対して取引の相手方であるYが少なくともXの相続分についての所有権を主張した場合に，Xはどのように責任を負うべきだろうか。

仮にYがXの相続分である2分の1の持分を得たとすると，本件土地についてYとBが共同所有者となる。この共有は単独所有とは異なり，持分はあくまで潜在的であり，使用はできても自由に処分することはできないなどの制約が生じる（249条～262条）。Aが生きていて追認していたのなら全部を単独所有できていたのに，Aの逝去によって共有になってしまいさらに全体ではなく2分の1しか権利を得られないのはYにとって不利である。

他方，Bの立場に立てば，知らない間にきょうだいのXが身勝手な無権代理行為をしたために，見知らぬYと相続財産を共有する羽目に陥ってしまうことになりかねない。

この結論は，先の資格融合説によるものだが，少なくともXの持分についてはXが追認したこととなり，所有権はYのものとなる。その結果，相続不動産はYとBの共有となるという次第である。これは，YとBのいずれにとっても納得しがたい結論を導くことになる。

そこで考えられるのが，Xが無権代理人という資格と相続人という資格の両方を併せ持つという**併存説**である。相続人という資格を顧みると，Aの相続人はXとBであるので，Bにも追認権または追認拒絶権がある。そして，Bが追認拒絶権を行使することもできるというのが，併存説の中の**完全併存説**である。この場合，無権代理責任についてXが損害賠償責任を負うしか方法はなくなる。完全併存説と並ぶのが，無権代理人Xにはそもそも信義則上追認拒絶が否定されるという，**信義則説**である。信義則説によれば，Xは信義則上追認を拒絶できないが，Bは拒絶可能である。そうすると，追認権は分割できるのかという問題が生じる。1つには，**追認不可分説**があり，追認権は分割できないとの立場から，XとBが共に追認しない限り追認の効果は生じないことになる。もう1つが**追認可分説**で，Xの相続分の限度で

追認したと扱うこととなるが，これは相続分に限って資格融合を認めることと同様になる。

判例（最判平5・1・21民集47巻1号265頁）は，**追認不可分説**を採用する。追認の権利は相続人全員に不可分的に帰属するとした上で，Bが拒絶した場合にYは117条の無権代理責任をXに対して追及するしかなくなるが，Bが追認すれば，Xは追認拒絶ができなくなり無権代理の効果がAとYに帰属したことになり，結論としてBとXは契約を履行せざるを得なくなるというものである。

2　本人が無権代理人を相続した場合

(1)　問題の所在

では，本人が無権代理人を相続した場合はどうだろうか。無権代理行為の，ある意味では被害者である本人が無権代理人を相続している点が，これまでの事案とは全く異なる事案である。相続により，本人Xには追認拒絶の余地がなくなるとすると，あまりに本人Xには酷である。相続さえなければ，本人として追認拒絶ができたのに，相続という偶然によって不動産を失いかねない。他方，相手方Yの立場からは，あくまでも無権代理人Aには無権代理行為を行った責任があり，この責任が相続人Xに相続されたことを主張したい。

(2)　本人が単独相続人の場合

②ア．の事案で資格融合説をとると，本人Xが相続により自ら法律行為（無権代理行為）をしたこととなり，追認拒絶はできなくなる。これに対して，判例は**資格併存説**をとり，相続人たる本人が追認を拒絶しても無権代理行為には直接関わっていないゆえに，何ら信義則に反しないとした（最判昭37・4・20民集16巻4号955頁）。Xが不動産を失うことは免れたが，同じく無権代理行為の被害者であるYの救済には問題が残る。

⑶ 本人に共同相続人がいる場合

②イ．の事案で，判例は**資格併存説**を採用しており，ＢがＡの責任を相続により承継するのと同様に，ＹもＡの責任を承継することとなる（最判昭48・7・3民集27巻7号751頁）。他方，Ｙは本人として追認拒絶権を行使できたが，追認拒絶しながらも無権代理責任を相続によって負わざるを得なくもなる。無権代理責任自体は分割できないので，ＹとＢは保証契約の履行か，保証契約の債務不履行による損害賠償責任を履行しなければならなくなり，Ｙとすると追認拒絶をした意味がなくなってしまう。本人Ｙの立場からすれば，相続という偶然の事情により，不当に不利な結果を導くこととなる。

このように考えると，そもそも無権代理人の責任をＹが相続する以上，本人Ｙは無権代理行為の履行責任を免れないとする，**履行責任肯定説**が最終的な結論となる。

第8章　無効および取消し

【基本事項】

第1節　無効

第2節　取消し

【発展問題】

テーマ　無効と取消しの効果

> **基　本　事　項**

第1節　無効

1　無効とは

無効とは，法律行為の効力が全く生じないことをいう。例として，3条の2によれば意思無能力者の法律行為は無効になる（意思無能力については**第2章第1節**を参照）。これは意思無能力者が相手方に対して契約締結のための申込みをし，相手方がこれを承諾したとしても，この契約の効力は生じないということを意味する。そのため，本来であれば契約内容に従って生ずる債権債務は当事者に生じない。債権債務が発生しない以上，意思無能力者自身も

その相手方も，相手に対して債権を行使することはできず，また債務を履行する必要もない。

2　無効の原因

　それでは，どのような場合に法律行為が無効となるのか。民法では法律行為が無効となる場合をあらかじめ条文で定めている。具体的には，法律行為が無効になる場面として，意思無能力者の法律行為の場合（3条の2），公序良俗に反する法律行為の場合（90条），強行規定に反する法律行為の場合（91条）が規定されている。次に意思表示が無効となる結果，意思表示を要素とする法律行為が無効になる場面として，心裡留保に基づく意思表示の場合（ただし，心裡留保による意思表示が無効になるためには，表意者の真意でないことを相手方が知っていたか，知ることができた場合に限られる。93条1項ただし書），通謀虚偽表示に基づく意思表示の場合（94条1項）が規定されている（なお，公序良俗および強行規定の問題については本書**第5章**，心裡留保と通謀虚偽表示の問題については本書**第6章**を参照）。

無効の原因	
法律行為の無効 　①意思無能力者の法律行為 　②公序良俗に反する法律行為 　③強行規定に反する法律行為	3条の2 90条 92条
意思表示の無効 　④心裡留保に基づく意思表示 　⑤通謀虚偽表示に基づく意思表示	93条1項ただし書 94条1項

【コラム：民法における様々な無効】
　ここで取り上げている無効以外にも，民法の様々な条文で「無効」や「効

力を生じない」という表現が用いられる場合がある。113条1項では，無権代理行為は本人の追認がなければ本人に対して「効力を生じない」，つまり無効であると規定する。この無効は，法律行為そのものの効力の否定というよりも，無権代理人と相手方との間で行われた代理行為の効果が本人に本人に帰属しない，という意味の無効になる。本人に効果が帰属しないという意味では，処分権のない者が他人の有する財産権を相手方に売却する契約を締結した，という場面も同様である。このとき，処分権のない者と相手方との間では売買契約は有効に成立するが，財産権の移転は生じない。

　また，親族編の規定である742条では婚姻が無効となる場合が列挙されている。婚姻は法律行為ではなく，いわゆる身分行為に分類される。そのため，婚姻という身分行為の無効に関しては，民法総則の法律行為に関する規定は適用されないと一般的に考えられる。

　このように，民法には様々な場面で無効という概念が用いられることがあるが，それらがすべて必ずしも同一の意味でつかわれているわけではないという点に注意が必要となる。

3　絶対的無効と相対的無効

　法律行為が無効である場合，「はじめから，誰に対しても，いつまでも」法律行為の効力が生じない。これを**絶対的無効**という。法律行為が無効であることを主張したり，何らかの権利を行使する必要なしに，法律行為の当初から効力が発生せず，誰との関係においても無効であり，また無効状態をそのまま放置していたとしてもいつまでも無効である，という意味である。ただし，無効の原因によっては，「一定の者」に対しては法律行為が無効であると主張できない場合がある。この無効を**相対的無効**という。例えば心裡留保に基づく意思表示は，93条1項ただし書の要件を満たす限りで無効となるが，93条2項によれば，善意の第三者には対抗できないとある。つまりここでは，意思表示の当事者間で心裡留保が無効であっても，善意の第三者との

関係では意思表示が無効であることを主張できないということになる。これは，94条の1項と2項の関係においても同様である。

4 一部無効

法律行為に無効原因がある場合，原則としてそのすべてが無効になる（**全部無効**）。しかし，契約において定められた特約事項のうちの1つが公序良俗や強行規定に違反しているという場合にその効力をすべて無効として否定してしまうと，当事者にとって好ましくない場合もある。当事者が，「特約事項の1つが無効原因を満たしてしまうとしても，その条項を除いてなお法律行為を有効としたい」と望むのであれば，その通りにすることが望ましい。そこで一般的には，法律行為の一部に無効原因がある場合，当該部分のみを無効として法律行為全体までも無効とすることはないといういわゆる**一部無効**が承認されている。

ただし，法律行為の無効部分が当該法律行為にとって必須の部分（要素）といえる場合には，その部分を欠いていては法律行為の意味はなくなってしまうため，一部無効は認められないとされている。

5 無効行為の追認

119条本文によると，無効な法律行為は追認によってもその効力を生じないとある。無効な法律行為を遡及的に有効なものとして扱うとの意思表示を**追認**というが，当事者が無効な法律行為を追認をしても依然として無効のまま，という意味である。しかし119条ただし書によれば，当事者が無効を知りつつ追認をした場合には，「新たな行為」をしたものとみなされる。これは追認の時点から，無効であった法律行為が，新たな法律行為として有効になるということを意味する。例えば心裡留保に基づく意思表示が93条1項ただし書によって無効となる場合に当事者が追認をしたとき，追認の時から改

めて意思表示がなされたことになるということである。ただし，公序良俗や強行規定に反するために無効であるという場合には，追認をしてもその法律行為が違法行為であることに変わないので，依然として無効のままである。

第2節　取消し

1　取消しとは

取消しとは，いったん有効に成立した法律行為を，**取消権**を行使することによって初めから＝遡及的に無効であったことにするという制度である（121条）。法律行為の効力が生じないことになる，という点では無効と同じであるが，「取消すことではじめて法律行為が遡及的に無効になる」（121条）という点で違いがある。反対に言えば，取消し可能な場合であっても取消権が行使されなければ，法律行為は有効なままということになる。取消し可能な法律行為を取り消すと，その法律行為は初めから無効であったことになるので，当該法律行為によっていったん生じていたように見える権利義務は，初めから生じていなかったことになる。そのため，例えば契約が取り消されたという場合には，契約によって生ずるはずであった債権債務が生じないことになるので，当事者は互いに権利を行使することができず，また義務を果たす必要もない。もしすでに契約が履行済みである場合には，履行済みの部分は不当利得として**原状回復義務**に基づく返還の対象になる（121条の2第1項）。この点については本章の発展問題で扱う。

2　取消しの原因

民法は無効の場合と同様に，法律行為を取り消すことのできる場面を規定する。制限行為能力者の行為（5条2項，9条，13条4項，17条4項。ただし，一律に無効であるというわけではない。詳しくは本書**第2章**を参照），錯誤に基

づく意思表示の場合（95条），**詐欺・強迫に基づく意思表示の場合（96条1項）である**。どういう意思表示が錯誤や詐欺，強迫に基づく意思表示といえるのか，については**第6章**を参照すること。

　なお，民法には婚姻の取消し（743条）や縁組の取消し（803条）といった取消しもあるが，無効の場合と同様，これらは法律行為ではなく身分行為の取消しであるため，120条以下の規定は原則として適用されない。

取消しの原因	
法律行為の取消し 　①制限行為能力者の法律行為	5条2項，9条，13条4項，17条4項
意思表示の取消し 　②錯誤に基づく意思表示 　③詐欺・強迫に基づく意思表示	95条1項柱書 96条1項

3　取消権者

　2に列挙された取消原因が法律行為あるいは意思表示に存在する場合，当該法律行為（意思表示）は取消しの対象になる。しかし無効の場合とは異なって，民法は120条において，取消権が与えられる者，すなわち取消しを主張できる者＝取消権者を限定列挙している。同条1項によれば，行為能力の制限によって取り消すことができる行為は，**制限行為能力者本人，その代理人，承継人**（例えば契約上の地位を引き受けた者などを特定承継人といい，相続人を包括承継人という。ここでの承継人は包括承継人を指すとされる），そして**同意権者**に取消権が与えられる。2項によれば，錯誤，詐欺，強迫による取消しの場合には，表意者，代理人，承継人が取消権者となる。ここで注意が必要であるのは，取消しの対象となる法律行為の相手方は取消権者ではない，という点である。

4 取消しの方法

　取消しは取消権者がその取消権を行使することによってなされる。取消権はいわゆる**形成権**という権利に分類される。形成権は，当該権利を行使する意思表示をするだけで権利の効果が発生するという特徴を持つ。そのため，取消権者が相手方に対して取消しの意思表示を発するだけで取消しの効果が生じ（123条），法律行為は初めから無効であったことになる。相手方の承諾は不要である。

5 取り消すことができる行為の追認

(1) 意義

　すでに述べたように，取消しとは取消権を行使することで当該法律行為をはじめから無効であったことにするための制度である。取消権を行使するまでは法律行為は暫定的に有効な状態にあり，ある意味では不安定な状態にあるとも言える。民法は法律行為が取消し可能である場合に，この法律行為を確定的に有効なものとして扱うことのできる**追認**という制度も設けている（122条以下）。122条によれば，120条に列挙されている取消権者が追認をする場合，以降，その法律行為はもはや取消し不可能な行為として確定する。

(2) 方法

　追認は取消しの方法と同様に，相手方に対する意思表示によってなされる。追認は**単独行為**であり，相手方の承諾等も必要ない。

(3) 要件

　追認が有効であるためには，つまり取り消すことのできる法律行為を確定的に有効にするためにはいくつかの要件が必要になる（124条）。どのようなタイミングでも追認可能とすると，表意者の保護が不十分になる恐れがある

からである。例えば表意者が相手方から詐欺を受けて意思表示をして契約を締結したとしよう。このとき相手方がのちに表意者から詐欺を理由として取消権を行使されないように，契約締結に際して表意者に対し，「この法律行為を追認すると一筆書いてください」と述べ，表意者がその通りにした場合に追認を有効とすると，96条1項において詐欺取消しを規定した意味が失われかねないことになる。そのため追認は，<u>取消しの原因となっていた状況が消滅し，かつ取消権を有することを取消権者が知った後でなければ無効である</u>，とされている（124条1項）。そうすることで，取消権者が取消し可能であることに気付かないうちにいつの間にか追認をしてしまい，望まない法律行為を有効なものと確定してしまうという事態が回避される。そのため，錯誤や詐欺，強迫に基づく法律行為を追認するためには，取消権者がこれらに気付いた後に追認をする必要があり，制限行為能力者の法律行為を追認する場合には，行為能力の制限がなくなった後（未成年者が成年になった後，成年被後見人が事理弁識能力を回復し，後見開始の審判の取消しを受けた後など）であれば，追認を有効になすことができるようになる。

(4)　効果

　取り消すことのできる法律行為が有効に追認された場合，当該法律行為は有効な法律行為として確定し，取消権者はもはや法律行為を取消すことができなくなる（122条）。

(5)　法定追認

　先に述べたように，追認は相手方に対する意思表示によってするのが原則である。追認の意思表示がなされない限りは，取り消しうる法律行為は依然として取消し可能なままであり，取消権者は任意に取消権を行使できることになる。しかし取消権者の行動によっては，たとえ追認の意思表示がなされていなくとも，追認をしたものと認めてよいといえるような場合がある。例えば，詐欺によって意思表示をした表意者が，詐欺の事実に気づいた後，つ

まり追認の意思表示を有効になすことができる状態でなお詐欺によって成立した契約の履行をした場合はどうであろうか。詐欺によって成立した契約が表意者の望まない契約であれば，詐欺の事実に気づいた以上，普通は96条1項に基づく取消権を行使するはずである。そうすることなく契約を履行した，ということは，取消し可能である法律行為を有効なものとして扱う意思が表意者にあると推測してよい。そこで民法では125条各号において，取消権者が追認をすることができる時以降に，一定の行動を取った場合には，追認の意思表示をしていなくとも追認をしたとみなすこととしている。これを**法定追認**という。追認をしたとみなされる取消権者の行動は，①全部または一部の履行（同条1号），②履行の請求（同条2号），③更改（同条3号），④担保の供与（同条4号），⑤取り消すことができる行為によって取得した権利の全部または一部の譲渡（同条5号），そして⑥強制執行（同条6号）である。

　ただし，法定追認が認められる行為があったとしても，取消権者が異議をとどめていた場合には追認したものとはみなされない（125条柱書ただし書）。代金の一部を支払ったとしても，その際に「これは追認ではない」と取消権者が述べておけば，法定追認の効果は生じない。

6　取消しの期間制限

　法律行為の無効の場合，無効の状態をずっと放置していたとしても，法律行為の効力は無効のままである。それでは，取消権を行使できるにもかかわらずこれを行使せず，取り消しうる法律行為をずっとそのままにしておき，何十年もたってから取消権を行使することはできるのだろうか。

　取消しは無効とは違い，取消権者によって取消権が行使されるまでは法律行為は有効である。したがって当事者は一応有効である法律行為に従ってその権利を行使することができ，また義務を果たす必要がある。しかし，いったん有効である法律行為の効果を発生させ，当事者がその権利義務を全うした後，何年もたって取消権が行使されてしまうと，かえって不利益が生ずる

ことがある。取消しの効果は法律行為の遡及的無効であるが，何年もたってから取消権が行使されると，いったん有効であった法律行為に基づいて形成されたそれに連なる多数の他の法律行為すべてに影響が生ずる恐れもあり，不特定多数の関係者に影響してしまうこともある。また，相手方からすれば，取消し可能であるにもかかわらず取消権者が何年間も取消権を行使しないという場合には，もはや取消権は行使されないものという期待が生ずる。このように，何年もたってから取消権が行使されることによって生ずる複数の不利益や，取消権がもはや行使されないであろうとの相手方の期待を保護するべく，民法は取消権の行使に期間制限を設けている。具体的には126条において，追認可能な時から５年経過した場合，そして追認可能になったかどうかにかかわらず，法律行為の時から20年経過した場合には，時効によって取消権は消滅する。時効については**第10章**を参照すること。

発 展 問 題

テーマ　無効と取消しの効果

　無効な法律行為，あるいは取消された法律行為の効果は発生しない。そのため，契約が無効である場合や取り消されたという場合，当事者は互いに何らの権利義務も有しないことになるので，相手方に契約の履行を求めることはできず，また自身の義務を履行する必要もない。しかし，無効である法律行為を有効であると考えて履行が行われてしまった場合や，契約の履行後に契約が取消されたという場合，どうなるだろうか。

1　はじめに

　すでに述べたように，無効も取消しも法律行為の効力を否定する制度である。契約が無効であったり取り消されたりする場合，表面上は成立したかに見えた契約が効力を有していなかったことになるため，当初から当事者間に契約関係が発生していなかったことになり，契約が有効であれば発生していたはずの債権債務が当事者に生じないことになる。債権も債務も発生しないので，当事者は互いに相手に対して何も求めることはできず，また何かを果たす必要もない。

　このとき，本当は無効であるはずが，そのことに気付かずに当事者が互いに契約上の義務を履行してしまったという場合や，あるいは当事者の一方または双方が義務を履行した後で，契約が取り消されるという場合もある。これらの場合，債務者の履行行為である給付は，本来であれば債権者の債権，そして債務者の債務に基づいて行われなければならないところ，これを欠く状態でなされたことになる。このような給付を**法律上の原因を欠く給付**という。この給付には法律上の原因がないので，例えば商品を債権者に実際に渡したとしても，商品を保有するための権利＝物権がそもそも債務者から債権者に移転していないことになるので，商品の持ち主は依然として債務者のままとなる。法律上の原因を欠く給付を受け取った者は法律上の原因がないのに他人のものを保有してしまっている。これを民法では**不当利得**と呼び，703条以下において給付を受け取った者＝利得者に返還義務を課している。

　民法は法律行為の無効や取消しの場面において給付が行われてしまった場合，これを不当利得の一場面と位置づけている。そこで121条の2では，法律上の原因を欠く給付を本来の持ち主の下に戻すため，無効な法律行為に基づく給付がなされた場合，あるいは給付受領後に法律行為が取り消された場合，受領者に**原状回復義務**を課し，給付を返還させることにしている（同条1項）。

2 原状回復義務

　原状回復義務とは，当事者の状態を（無効になった）法律行為が履行されなかった場合の状態に戻す義務を指す。法律行為が無効であったり取り消されたりする場合にはそもそも法律行為がなかったことになるので，一見して存在するものと考えられた法律行為に基づいて行われた給付を，この給付が行われなかった状態に戻す，ということになる。例えば中古車の売買契約に基づいて，買主が代金を支払い，売主が中古車を引き渡した後で当事者が法律行為の無効に気付いた場合，あるいは当事者の一方が取消権を有効に行使した場合，買主は売主から引き渡された中古車を法律上の原因なくして保有してしまっており，売主は買主から支払われた代金を法律上の原因なくして保有していることになる。そのため，買主と売主はそれぞれ121条の2第1項に基づいて，中古車と代金を返還しあう義務を負う。

　703条と704条によれば，不当利得の返還範囲は利得者が法律上の原因がないことについて善意であるのか悪意であるのかについて返還の範囲を区別している。他方で121条の2第1項ではそのような区別をすることなく，原状回復義務を用いて当事者に返還義務を課している。それはなぜだろうか。

　法律行為の無効や取消しの場面における不当利得の返還は，無効な，あるいは取り消された法律行為に基づく給付交換を元の状態に戻す，という意味を持つ。つまるところ，表面的には有効と思われた法律行為に基づいて実施された給付交換を，そのまま巻き戻すことで給付交換前の状態に各当事者を復帰させることになる。これは機能としては，540条以下に規定されている契約の解除に近似する。そこで民法は，法律行為の無効や取消しの場面における不当利得返還義務の内容を，545条1項に準じて原状回復と位置づけることにした。703条以下の規定する不当利得の一場面ではあるが，703条および704条とは異なって，利得者の善意・悪意に応じて返還義務の範囲を区別していない。

3　原状回復義務の内容

(1)　原則——受け取った給付すべての返還

　原状回復義務に基づく返還の範囲は，受け取った給付すべての返還である。
そのため，例えば無効な契約に基づいて100万円の支払いを受けた売主がい
れば，100万円を買主に返還するべきこととなる。買主が売主から商品を受
け取っていた場合，その商品をそのまま返還する必要がある。それでは仮に
商品の一部を消費してしまっていたり，商品そのものがすでに使い尽くされ
てしまって価値を失ってしまっているという場合はどうであろうか。この場
合買主は，失われた部分に対応する価値を金銭で評価して，この価額を返還
する義務を負う。つまり商品の全部がすでに消費済みの場合や，その価値を
失った状態になっている場合には，その商品の持っていた金銭的価値すべて
を金銭で返還するべきこととなる。また，121条の2には明記されていない
が，返還の際には原則として**利息**を付し，**果実**を収取していた場合にはこれ
も返還の対象になる。利息や果実の返還義務については，契約解除の場合に
は規定が置かれている（545条2項および3項）。このような規定を121条の2
において定めなかった理由は，詐欺や強迫のように当事者の一方に非難可能
性のある場合に，被害を受けた立場といえる側に利息や果実の返還義務を課
してしまうと，詐欺者や強迫者を利する結果となりかねないためである。そ
のため，無効原因や取消し原因に応じて返還義務の内容や範囲を柔軟に運用
することができるように，545条とは異なって原状回復義務のみを明記する
ことにした。

　なお，双務有償契約において各当事者の義務が履行された後に契約が取り
消された場合，それぞれの当事者の負う原状回復義務（例えば目的物の返還
と代金の返還）は**同時履行**の関係にあるとされる（最判昭47・9・7民集26巻7
号1327頁）。

(2) 例外——現存利益の返還

i 現存利益とは 121条の2第2項および3項では，1項に対する例外として原状回復義務の範囲が限定されている。2項では，無償行為（贈与など）が無効であったり取消し可能であることを知らなかった場合，給付を受けた当事者は**「現に利益を受けている限度」**において返還義務を負うとされている。3項では，意思無能力者や制限行為能力者が負う返還義務も，2項の場合と同様に「現に利益を受けている限度」での返還義務となるとされている。これは一般に**現存利益**の返還義務とされている。それでは現に利益を受けている限度での返還義務とは，具体的にどのような利益の返還を指すのであろうか。現存利益の返還とは，現物がそのまま残されている場合や，現物はすでに売却してしまったが，売却によって得た金銭をまだ手元に残しているという場合に，現物そのものや売却によって得た金銭を返還するということを意味する。現物が手元に残っていない場合でも，売却によって得た利益があれば，それを返還する必要があるという点が重要である。

それでは，売却によって得た金銭を消費してしまっているという場合はどうであろうか。判例では，どのような目的で金銭を消費したかによって現存利益があるかどうかを区別している。まず生活費のように必ず支出するような費用のために金銭を消費した場合，なお現存利益は残っていると判断されている。それは，生活費のような必要的な費用は，無効になった法律行為に基づいて得た利益を充てなくとも，いずれにせよ支出しなければならない費用であるため，自身の財布からの支出を免れたというかたちで現存利益が残っていると理解されるからである（大判昭7・10・26民集11巻1920頁）。他方で，普段では使わないような目的で金銭を消費した場合，例えば普段はしないような豪遊をしたり，高価な品物を購入したという場合には，無効な法律行為に基づいて得た利益がなければその目的に金銭を使うことはなかったので，現存利益は消費されてなくなってしまったと考えるからである。

ii 無効あるいは取り消しうる無償行為と知らなかった受領者の返還義務（121条の2第2項） 贈与に代表される無償行為は，当事者の一方のみが給付を行う

という特徴を持つ。無償であるとはいえ，契約自由の原則の下では対価のない契約も法的に拘束力のある契約として成立するうえ，法律行為として民法総則の適用を受ける。その結果，無償行為に無効原因や取消原因があれば，有償行為の場合と同様にその効力が否定されることもあり，結果として121条の2に基づいて原状回復義務が生ずることもある。121条の2第2項では，無償行為の無効や取消しに基づいて原状回復義務が生ずる場合，返還義務を負う給付受領者が無効や取消しについて善意であるとき，返還義務の内容を現存利益の返還に限定している。

　ある法律行為に基づいて給付を受領した者が，その法律行為が有効であると信じている場合，つまり無効原因や取消原因があることについて善意である場合，通常はその給付はすでに自分のものとなったと考えて，自由にこれを利用することがある。もしその後，法律行為の無効や取消しを理由として，121条の2第1項に基づいて受領者に原状回復義務を課す場合，この期待を裏切る結果となり，受領者に酷になるからである。他方で無償行為の受領者が給付の消費以前に無効原因や取消原因があることを知っている場合には，通常の場合と同様の原状回復義務が生ずる。これは，受領者が返還義務が生ずるということを分かっている以上，通常は受領した給付を消費するといったことはしないにもかかわらず，給付を消費した受領者に原状回復義務を課したとしても不当とは言えないからである。

iii　意思無能力者および制限行為能力者の返還義務（121条の2第3項）　　121条の2第3項では，意思無能力者や制限行為能力者の返還義務の範囲を第2項の場合に準じて現存利益の返還に限定している。これは，意思無能力者や制限行為能力者が通常人に比べて取引上保護に値する存在であるとされていることに基づく。

第9章　条件，期限，期間

> 基　本　事　項

第1節　条件

1　条件，期限とは

　法律行為の効力は，その成立時点から生ずることが原則となる。契約であれば，申込みと承諾という意思表示が一致した時点から契約の効力が発生することになる（522条）。しかし場合によっては，成立した法律行為の効力を直ちに発生させるのではなく，一定の事態が生じた場合にはじめて発生させ

167

ることにしたり，その反対に一定の事態が生じた場合に効力を消滅させたり，あるいは効力の有効期間を一定の期間に限って認めるとした方が，当事者にとって都合がよい場合もある。民法では，当事者の合意によって法律行為の発生の時期や消滅の時期をコントロール可能にすることで，有効期間を自由に定めることを可能にしている。このような定めがある場合，これを**条件**や**期限**と呼ぶ。詳しくは以下でも述べるが，条件と期限の違いは以下の図の通りである。

法律行為を：
①発生不確実な将来の事項にかからしめる
＝条件……条件成就によって法律行為の効力発生：停止条件
　　　　　　条件成就によって法律行為の効力消滅：解除条件
②発生確実な将来の事項にかからしめる
＝期限……期限到来によって法律行為の履行開始：始期
　　　　　　期限到来によって法律行為の効力消滅：終期

2　停止条件と解除条件

(1)　停止条件と解除条件とは

　法律行為の効力を，発生不確実な将来の事項が生じたことで有効にする，あるいは消滅させるという定めを条件と呼ぶ。条件成就により法律行為の効力を発生させる場合には，この条件を**停止条件**と呼び，条件成就により法律行為の効力を消滅させる場合には，この条件を**解除条件**と呼ぶ（127条1項および2項。停止条件の付いた法律行為を停止条件付法律行為，解除条件の付いた法律行為を解除条件付法律行為と呼ぶ）。例えば，「球技大会で優勝する」や，「必修科目の単位を取得する」といった事項は，試合の結果や試験の成績に左右されるため確実に成就するとはいえない事項になる。そのためこれらは

条件に分類される。そして「球技大会で優勝したら海外旅行をプレゼントする」といった条件は停止条件となり，「必修科目の単位を落としたら仕送りをやめる」といった条件は解除条件になる。球技大会の優勝という条件が成就すれば，海外旅行をプレゼントするという契約の効力が発生し，約束をした側は海外旅行をプレゼントする義務を履行しなければならないことになる。

停止条件または解除条件による法律行為の効力の発生または消滅は，遡及効を持たせる合意のない限り，原則として遡及することはない（127条3項）。そのため，解除条件の成就により法律行為の効力が消滅する場合でも，無効や取消しの場合とは異なってそれまでに受けた給付を返還する必要はない。

(2) 発生不確実な将来の事項であること

停止条件または解除条件というためには，「発生の不確実な」，「将来の」事項である必要がある。そのためすでに発生している事項であったり，「来年の4月1日になったら」といった発生確実な事項である場合には，条件とはならない（発生確実な事項については期限に分類される）。すでに発生してる事項を条件とした場合には，既成条件と呼ばれる条件に分類され，特殊な取り扱いがなされる（131条。これについては後述する）。

3　条件の成否未定状態におけるルール

(1) 期待権

条件が成就すると法律行為の効力が発生し，あるいは消滅するが，このことによって当事者の一方は利益を得る。当事者は条件成就によって利益が得られると期待することになるが，民法ではこの期待を**期待権**という権利として，128条ないし130条において保護することにしている。128条では，条件成就の成否が未定の状態において，各当事者は条件成就により相手方が法律行為から得られる利益を侵害してはならないとしている。これは例えば，停止条件付贈与契約を締結した場合において，停止条件が未成就の段階で贈与

者が贈与の目的物を故意や過失によって滅失させ，あるいは第三者に売却するなどして，受贈者が贈与を受けることを不可能にしてはならないという意味である。これに違反する場合，贈与者は受贈者に対して損害賠償等の責任を負う。

(2)　条件成否未定の間における権利処分等

　条件の成否が未定の段階でも，条件成就によって権利を享受する当事者は，その権利を処分することや相続の対象にすることもできる（129条）。先の例において，停止条件付贈与契約の受贈者は，条件未成就の段階でも贈与を受ける権利を他人に譲渡することや，この権利を相続人に相続させる旨の遺言を遺すことができる。

(3)　条件成就の妨害と不正な条件成就

　条件が成就すると，法律行為の効力が発生し，あるいは消滅する。このとき，条件の成就によって法律行為の効力が発生することになる結果，一定の義務を負う当事者は，ある意味では条件成就によって不利益を受けるとも考えられる。そこで，停止条件の成就によって法律行為の効力が発生し，義務を負う側の当事者が，義務の発生を回避するために条件成就を妨げたり，あるいは解除条件の成就によって法律行為の効力が消滅し，義務を負わなくなる当事者が，義務を消滅させるために不正に条件を成就させるという事態が生ずることも考えられるが，こうした場合はどう扱われるべきだろうか。

　民法では，条件成就によって不利益を受ける当事者が故意に条件成就を妨げる場合には条件は成就したものとみなすとしている（130条1項）。判例では，Xに対して山林の売却をあっせんする依頼をするとともに，成功報酬を約束したYが，Xのあっせんによらずに第三者に山林を売却した場合，130条1項を適用して条件が成就されたとみなし，XはYに対して成功報酬の支払いを請求できるとした例がある（最判昭39・1・23民集18巻1号99頁）。また条件成就によって利益を受ける当事者が不正に条件を成就させた場合には，

条件不成就とみなされる（130条2項）。なお，不正な条件成就といえないまでも，故意に条件を成就させた場合にも，130条を類推して条件不成就とみなされることがある。判例では，XがYとの間で，ある製品の製造販売をしないこと，これに違反した場合には違約金を支払う旨の契約を締結した場合に，YがAに指示をしてXとの間で当該製品の購入契約を締結させたうえで，YがXに対して違約金の支払いを求めたというとき，130条を類推して条件は成就していないとしたものがある（最判平6・5・31民集48巻4号1029頁）。

4　特殊な条件

　条件がすでに成就していたり，そもそも条件成就が不可能であるような場合には，そのような条件の付いた法律行為の効力はどうなるのであろうか。民法は，既成条件，不法条件，不能条件，随意条件といった特殊な条件が付いた法律行為の効力についてルールを定めている。

(1)　既成条件（131条）

既成条件とは，すでに成就してしまった事項，あるいは未成就が確定している事項を条件とした場合に当たる。例えば昨年度履修した科目の単位を取得している場合という条件を付け，すでに当該科目の単位が取得済み，という場合である。条件は本来であれば，発生の不確実な将来の事項が成就することで，法律行為の効力を発生させ，あるいは消滅させる手段であるため，すでにその条件が成就している場合，あるいは未成就が確定してしまっている場合の扱いについて定めておく必要がある。

　民法はまず，停止条件がすでに成就していた場合には無条件の法律行為とし，解除条件がすでに成就していた場合には，法律行為を無効とすることにした（131条1項）。すでに成就している条件を法律行為に付けるような場合には，当事者の意思としてはもはや条件を付けずに法律行為の効力を発生さ

せる意図があると考えられ，またすでに成就している条件を解除条件にする場合には，法律行為の効力を発生させたくないと思っていると考えられるためである。次に条件の不成就が確定している停止条件の付された法律行為は無効とし，不成就が確定している解除条件の付された法律行為は無条件にするとしている（131条2項）。確定済み条件の場合とは反対に，不成就の確定している条件を停止条件あるいは解除条件にするということは，当事者としてはそもそも法律行為の効力を発生させたくなく，または法律行為の効力を消滅させたくないという意図であると考えられるからである。

(2) 不法条件（132条）

公序良俗や法律に反するような条件を付けた場合，民法は法律行為そのものを無効としている（132条前段）。このような条件を**不法条件**という。このような条件の付いた法律行為がなぜ無効として扱われるかについては，仮に不法条件の付いた法律行為を有効としてしまうと，他人に損害や迷惑をかける違法な行為を助長する結果となりかねないためである。また，不法な行動をしないことを条件とする場合も同じく法律行為を無効にしている（132条後段）。こちらは一見して問題のないようであるが，条件成就の妨害や不正な条件成就の場合があり得ることを考えると，やはり違法な行為を間接的にせよ助長する結果になりかねないからである。

(3) 不能条件（133条）

条件の成就がそもそも不可能である場合にはどうであろうか。このような条件を**不能条件**というが，133条1項では，不能の停止条件の場合には法律行為を無効とし，2項では不能の解除条件の場合には法律行為を無条件としている。これは条件成就が不可能であることが確定しているので，条件未成就確定の既成条件の場合（131条2項）と同様の意図が当事者にあると考えられるからである。

⑷ 随意条件（134条）

134条は，停止条件においてその条件が単に債務者の意思にのみ左右されるものとした場合，法律行為は無効になるとしている。この条件を**随意条件**という。例えば贈与契約を締結した際に，贈与者が贈与したいと考えた時に法律行為の効力が発生するとしたような場合が134条の想定する場面の一例に該当する。この場合，贈与契約の効力が発生するかどうか，つまり停止条件が成就するかどうかは債務者である贈与者の心持ち一つで決まることになってしまい，そもそも法律行為の効力の発生に対して法的保護を与える意義が少ないことになる。そのため民法ではこのような随意条件の場合には，法律行為そのものを否定している。

法律行為が無条件になる場合
　①既成の停止条件（131条1項）
　②不成就確定の解除条件（131条2項）
　③不能の解除条件（133条2項）

法律行為が無効になる場合
　④既成の解除条件（131条1項）
　⑤不成就確定の停止条件（131条2項）
　⑥不法な停止条件・解除条件（132条）
　⑦不能の停止条件（133条1項）
　⑧債務者の意思のみに係る停止条件（134条）

第2節　期限

1　期限とは

　期限とは，法律行為の履行や効力の消滅を，発生確実な事項にかからしめることをいう。例えば，「月末になったら代金を支払う」といった場合がこれに該当する。法律行為の履行の開始を発生確実な事項にかからしめる場合，これを**始期**という（135条1項）。先のような始期が付いた売買契約では，売主は月末になるまで代金の支払いを請求できず，また買主も代金を支払う義務を履行する必要はない。また，法律行為の消滅を発生確実な事項にかからしめる場合，これを**終期**という（135条2項）。

　なお条件の場合とは異なって，当事者の合意があっても期限の到来の効力に遡及効を付加することはできない。そのため，終期が到来したことで法律行為の効力が消滅したとしても，初めから法律行為が無効であったことにはならないので，当事者はそれまで受け取った給付を返還する必要はない。

　また128条ないし130条にあるような条件付法律行為における期待権等の保護に関する規定は，期限に関する規定にはないが，一般には期限の場合にも期限到来による利益取得に対する期待権等があることが考えられるため，同様の保護がなされるべきとされる。

> **【コラム：期限と履行期】**
>
> 　135条1項によれば，始期を定める場合，法律行為の履行は始期の到来までする必要はない。法律行為の履行に関しては，412条が関連する。同条は債務の履行に関して期限の種類と履行遅滞の要件を各項において規定されている。それによれば，債務の履行に関する期限は，①期限が確定されている場合，②期限が不確定の場合，そして③期限の定めのない場合があるとされている。

期限が確定されている場合とは，将来の年月日で始期が定められているような場合である。このとき，始期の到来時点で履行がなければ，債務者は履行遅滞の責任を負うことになる（412条1項）。期限が不確定の場合とは，例えば誰々が死亡した場合というように，その事実が生ずることは確実であるが，いつ生じるのかが不確定であるような場合を指す。このとき，412条2項によれば，債務者が期限到来後に債権者から履行の請求を受けたか，あるいは期限到来を債務者が知った時のいずれか早い時から履行遅滞の責任を負う。債務者は期限到来後に債権者から履行の請求を受けるか，あるいは期限到来を自身で知った時に履行をする必要がある。期限の定めのない場合とは，その名の通り，期限が付されていない場合を指す。この場合，債権者が履行の請求をした時が債務者が履行をすべき時になる（412条3項）。

2　期限の利益

(1)　期限の利益とは

「月末になったら代金を支払う」という期限が付されている場合，代金を支払う債務者の側からみれば月末まで代金の支払いが猶予されるという利益を得ていることになる。これは終期の場合も同様で，終期が訪れることで債務者はその義務履行から解放されるという利益を得る。このように，期限が設定されることに伴って当事者が得る利益を**期限の利益**といい，民法では原則として，期限の利益は債務者のためにあるものと推定する（136条1項）。この利益は放棄することもできる（136条2項本文）。始期付法律行為において期限の利益を放棄する場合，債務者は放棄の時点から直ちに義務履行をしなければならない。また，終期付法律行為において期限の利益を放棄する場合には，法律行為の効力の消滅は他の規定（解除や解約に関する規定など）に基づいて処理されることになる。なお，相手方の利益を害する場合には，期限の利益の放棄は認められない（136条2項ただし書）。ただし，判例では，期限の利益の放棄によって相手方に生じる損失を補てんすれば，相手方に損

害が生じるとしても期限の利益を放棄することができるとしたものがある（大判昭9・9・15民集13巻1839頁）。例えば，利息付金銭消費貸借の場合において弁済期が1年後，利息が年5分と定められているとき，返済義務を負う債務者が期限の利益を放棄すれば，直ちに弁済をすることができるようになり，弁済によって債務が消滅する結果，本来は支払うはずであったそれ以降生じていたであろう利息分の支払いを免れることになる。債権者側からみれば，本来であれば得られていたはずの利息分の利益を得られないという損害が生じることになるが，この判例を前提とすれば，債務者が1年分に相当する利息を支払うのであれば，期限の利益を放棄してもよい，ということになる。

(2) 期限の利益の喪失

債務者のために存すると推定される期限の利益は，一定の事由を原因として消滅することもある。137条によれば，債務者の破産手続き開始決定（同条1号），債務者が担保を滅失させ，損傷させ，または減少させたとき（同条2号），担保供与義務を負う債務者が担保を供与しないとき（同条3号），期限の利益は失われることになる。

第3節 期間

1 期間とは

期間とは，ある時点からある時点までの継続した時間的区分のことをいう。当事者が法律行為に際して，一定の日にちが経過した時点で法律行為の効力を生じさせたり，あるいは消滅させるという取り決めをすることがある。例えば年月日や時間で期限を定めるような場合である。このとき問題となるのは，日にちの経過をどのようなルールで算定するのか，である。例えば9月9日の夜23時に，「今から10日間，車を貸し与える」という契約を結んだ場

合，借りた側はいつ車を返却する必要があるのだろうか。

　一般的に，期間の計算方法は法律で定められていたり，契約に際して当事者が具体的に定めておくようなことが多くある。民法における期間に関する規定は，こうした取決めがない場合に適用される（138条）。

2　期間の計算方法

(1)　時間によって期間を定めた場合

「今から1時間」といったように，時・分・秒でもって期間を定めた場合には，その瞬間から瞬間までを期間とする（139条）。この場合だと，まさに「今」という瞬間から1時間が経過するまでを期間として計算する，ということになる。このような計算方法を，**自然的計算法**という。

(2)　日，週，月，年によって期間を定めた場合

「今から2年間」，といったように，年・月・日や週でもって期間を定めた場合には少し特殊な計算方法を用いる。この計算方法は**暦的計算法**と呼ばれ，時間ではなく暦，つまりカレンダーに従って期間の計算をする。まず，期間を計算し始める日である**起算点**を定めるルールについて，140条本文によると，暦的計算法では**初日不算入の原則**が適用される。例えば9月9日のお昼頃に，今日から2年間という期間を定めた場合，2年間という期間を算定し始めるタイミングである初日は翌日の9月10日となる。ただし，初日が午前0時から始まる場合には，初日を含める（140条ただし書）。「明日から2週間」というような場合には午前0時となった明日その日から期間を計算することになる。

(3)　満了点

　以上が期間の起算点に関するルールであるが，民法は期間の計算が終わる時点である**満了点**についてもルールを定めている。まず日，週，月，年によ

って期間を定めた場合，満了点はその末日の終了時点となる（141条）。例えば「9月1日から20日間」とした場合には，9月1日から20日後の9月20日が末日となり，この日が満了した時点が期間の満了点になる。期間の末日が日曜日であったり，国民の祝日などである場合には，その日に取引をする慣習のない限りでその翌日が満了日になる（142条）。先の例で20日後の9月20日が日曜日であり，日曜日には休業することにしているという場合には，9月21日が末日になる。

　週，月，年で期間を定めた場合，期間の計算は暦に従う（143条1項）。このとき注意が必要であるのは，<u>週，月，年の初めから期間を計算しない場合，末日は起算日に応当する日の前日に満了する</u>という点である（143条2項本文）。2019年9月9日から5年間，という場合，5年後の2024年9月9日が起算日に対する応当日となる。そして9月9日は年の初めではないため，143条2項本文の適用により，2024年9月9日の前日，つまり2024年9月8日が末日となる。ただし，月または年によって期間を定めた場合に起算日に対応する応当日が存在しない場合，その月の末日が満了点になる。例えば2020年1月31日から1か月間，とした場合，本来の応当日は2月31日になるはずだが，暦上，2月31日は存在しない。そのため，この場合には143条2項ただし書に従い2月の末日を満了点とすることになる（通常は2月28日であり，うるう年の場合には2月29日になる）。

　初日不算入の原則と，143条2項が同時に適用される場合には少しややこしくなる。2019年の9月9日に，「2019年9月9日から2年間」という期間を定めたとしよう。まず起算点であるが，この場合，初日不算入の原則が適用されるため，起算点は2019年9月10日となる。そして次に満了点であるが，9月10日は月の初めではないため，143条2項本文が適用され，2年後の応当日である2021年9月10日の前日である2021年9月9日が満了点となる。

テーマ1　期限の利益の喪失に関する特約

1　はじめに

　【基本事項】第2節でみたように，始期や終期の付いた法律行為は，その到来まで債務の履行が猶予され，またその到来によって法律行為の効力が消滅する。このため債務者は始期の到来まで債務の履行をする必要がなく，また終期の到来によって債務の履行から解放されるという利益を受ける。民法では，この期限の利益を放棄することができ（136条2項），また一定の事実が生じた場合に期限の利益が喪失すると定めている（137条）。

　実際の契約では，当事者が期限の利益の喪失について特約を置く場合がみられる。私的自治の原則，とりわけ契約自由の原則からすれば，契約を結ぶ当事者が特約事項として，期限の利益が失われる場合を定めておくことも自由である。

　例えば，金銭消費貸借契約（587条）において返済期を2年後とした場合に，「借主の信用（資産状況）が著しく悪化したとき」に期限の利益が喪失する，というような条項が盛り込まれることがある。このとき，本来であれば借主は2年間は借りた金銭の返済を免れるところ，「信用が著しく悪化した」という事態に陥ったならば，特約事項に従って期限の利益が失われ，債権者から直ちに請求を受ける可能性がある。債権者である貸主としては，借主の信用が悪化しこのままでは支払い不能状態に陥ってしまうであろうにもかかわらず，弁済期にならなければ請求できないとすれば，自分の債権が回収できなくなっていくことを手をこまねいて見ていなければならなくなって

しまうだろう。そうした事態を避けるために，金銭消費貸借契約では期限の利益の喪失条項が特約として定められることがある。

2　当事者の保護の問題

このような条項は債権者にとっては自身の債権の回収の確実さを高めるという利点があるが，債務者にとっては本来であれば有していた期限の利益を失ってしまうという欠点がある。そのため，あまりに債務者側に不利な期限の利益の喪失条項は，公序良俗（90条）や信義則，そして債務者が消費者である場合には各種消費者保護のための法律（消費者契約法など）に基づいてその効力が否定されることもある。例えば，「債権者の必要に応じて債務者の期限の利益を失わせることができる」というような条項は，債務者にとって著しく不利益であるため，無効と考えられる。

テーマ2　期間を遡って計算する場合

1　はじめに

民法には期間の定めのある場合の計算方法が規定されている。この期間の計算は，基本的に一定の時点から計算をし始める，というように，将来に向かっての期間を計算する場合が想定されている。他方で，「時効の期間の満了前6か月」との条文（158条）や，「契約終了の1か月前までに更新の可否を通知をする」というような契約条項のように，一定の時点から遡るかたちで期間が定められることもある。こうした場合の計算方法はどうするべきであろうか。

2 期間を遡って計算する場合

　一般的には，期間を遡って計算する場合も，特別な定めのない限り民法の
期間の計算の規定を用いるべきとされている（大判昭6・5・2民集10巻232頁）。
そのため，初日不算入の原則や，満了点の決定にかかわるルールを用いつつ，
計算することになる。先に挙げた大審院の判決では，「株主に対する株金の
払込みの催告は2週間前に行う」というかつての商法152条1項の規定のも
とで，1月27日が払込期日であったところ，催告の到達が1月13日であった
という事例が問題となった。大審院は，この条文の意味するところは，到達
日の翌日を起算点とし，払込期日の前日までの期間が2週間以上必要である
と示した。そのためこの事件では，通知の到達が1月13日であるため1月14
日から起算し，払込期日の前日である1月26日までに2週間が経過していな
いので，催告は不適法と判断した。

第10章　時効

> ## 基 本 事 項

第1節　時効総論

1　時効とは

　時効と聞くと刑事事件における時効を思い浮かべる人も多いだろう。刑事手続き上の時効は公訴時効といい，犯罪が終わった時から一定期間を過ぎると公訴が提起できなくなる制度である。民法上の時効には，**取得時効**と**消滅時効**とがあり，前者は，一定期間他人の物を占有することにより，その物に対する権利を取得するというものであり，後者は一定期間，権利が行使され

なかった場合に権利が消滅するというものである。片や一定期間の経過により権利を取得し、片や権利を失うという正反対の制度であるわけだが、民法は第7章でこの2つの異なる制度を「時効」として統一して規定しているのである。

第1節「時効総論」では、取得時効と消滅時効という異なる制度に共通する内容についてみていくことにする。

2　時効の存在意義

時効とは、一定の事実状態の継続により、それが真実の権利状態と一致しているかどうかを問わずに、その事実状態をそのまま権利関係として認めようとするものであるが、そもそもなぜそのような制度が必要なのだろうか。時効制度の存在理由としては、①継続している事実状態の尊重、②権利の上に眠る者は保護しない、③過去の事実に対する証明困難から当事者を救済する必要性などが伝統的に挙げられている。

①については、次のように説明される。すなわち、ある権利が存在しているような事実状態、あるいは権利が存在していないような事実状態が長い間続くと、それを前提として法律関係が形成されてしまうことが起こりうる。しかし、何十年後かに、実は前提とされていた法律関係は存在しないなどと言われてしまうと、取引の安全を著しく害することになってしまう。それゆえに、一定期間継続した事実状態は尊重されるべきだというのである。②については、文字通り、権利がありながらそれを行使しない者の怠慢に対するサンクションとして考えるということである。③については、時間が経過することにより、証拠が散逸してしまう可能性が高いことから、当事者をそのような証拠の散逸に伴う証明困難から救済しようというものである。

【コラム：時効の法的構成】
　上記の時効の存在意義に関連して、時効制度の法的位置づけについて学説

上の対立がある。1つ目は，時効制度は実体法上，権利の消滅，権利の取得という法律上の効果を生じさせる制度であるとする実体法説であり，上記の存在理由の①②に関連する。2つ目は，時効制度は債務者が訴訟において権利関係を証明するための手段であるとする訴訟法説であり上記の③に関連する。これから説明するように時効は援用しないとこれによって裁判をすることができないと規定しているため，当初は時効の援用は訴訟上の攻撃防御の方法であるとする訴訟法説が有力であった。しかし，条文をみると，162条は「所有権を取得する」と規定しているし，166条も同様に「債権は，……時効によって消滅する」と規定しており，明らかに実体法説に依拠していると思われることから解釈論としては訴訟法説を採ることは困難である。それゆえに，通説・判例は実体法説を採用している（援用をどのように位置づけるかで細分化される）。しかし，③の存在理由も無視することはできない。そこで，学説は，実体法説に依拠しながらも，③の存在意義の重要性を認め，時効制度は複合的な存在理由により支えられているとするのである。

3　時効の援用

(1)　時効の援用の意義

　民法145条は，時効は当事者が**援用**しなければ，裁判所がこれによって裁判をすることができないと規定する。これは，時効の利益を受けるためにはその**援用**をする必要があるということである。時効の利益とは，時効の完成により権利を取得する，または，債務が消滅することであり，援用とはそのような時効による利益を受ける意思を表明することである。例えば，だれかから借金をしている場合に，債権の消滅時効期間が経過すると自動的に債務（相手からみれば債権）が消滅するということではなく，「時効によってあなたの債権は消滅した」とか「時効によって所有権を取得した」という形で援用をしないと，権利の取得もしくは権利の消滅という効果は生じないのである。また，裁判になった場合，債務者が時効を主張しないと，裁判官が勝手

に当該債務は時効により消滅しているという判断をすることはできない。このように，民法は時効の利益を享受するかどうかを当事者の意思にゆだねているのである。

(2) 時効の援用権者の範囲

　時効の援用は「当事者」が行うことができる旨規定されているわけだが，当事者とは具体的にはどのような者を指すのだろうか。例えば，借金をしている本人（債務者）が，その債務について時効による消滅を主張することは問題ないだろう。その他には，どのような者が含まれるかが問題となる。この点につき，民法145条は「当事者（消滅時効にあっては，保証人，物上保証人，第三取得者その他権利の消滅について正当な利益を有する者を含む。）」と規定している。もともと判例は，民法145条における「当事者」とは，「時効により直接利益を受ける者」（大判明43・1・25民録16輯22頁）であるとしていたが，2017年改正民法においては「権利の消滅について正当な利益を有する者」と改められた。145条で具体的に例示されている保証人，物上保証人（他人に対する債権を担保するために自分の財産に担保権を設定した者），第三取得者（担保権の設定されている財産を譲り受けた者）以外は，「権利の消滅について正当な利益を有する者」の解釈に委ねられるわけだが，その際には，従来の「時効により直接利益を受ける者」という判例が示した基準（直接利益者基準）のもとで，どのような判断がなされてきたのかが参考になる。

　これまで判例は，消滅時効においては保証人（大判昭8・10・13民集12巻2520頁），連帯保証人（大判昭7・6・21民集11巻1186頁），物上保証人（最判昭42・10・27民集21巻8号2110頁），抵当権不動産の第三取得者（最判昭48・12・14民集27巻11号1586頁）などの時効の援用権を肯定した。

　他方で，後順位抵当権者による先順位抵当権者の被担保債権の消滅時効の援用（最判平11・10・21民集53巻7号1190頁），債務者に対する一般債権者の援用（大決昭12・6・30民集16巻1037頁）についてはこれを認めていない。

　民法145条は「当事者（消滅時効にあっては，保証人，物上保証人，第三取得

者その他権利の消滅について正当な利益を有する者を含む。)」と規定しているが，これは取得時効にも問題なく適用される。ただ，取得時効の援用権者に関する判例はほとんどなく，係争土地の所有権を時効取得すべきA所有の建物を賃借しているBがAの時効取得を援用することを否定した判例（最判昭44・7・15民集23巻8号1520頁）があるくらいである。

(3) 時効の援用の効果の及ぶ範囲

援用の効果が及ぶ範囲は**相対効**であると考えられている。BがAからお金を借りており，Cがその物上保証人となっているケースを考えてみよう。CがA・B間の貸金債権の消滅時効を援用したとすると，その効力はAとCとの関係においてのみ生じることになる。つまり，AとCとの関係においては，A・B間の貸金債権の消滅に伴って抵当権は消滅し，Cは物上保証人としての地位から解放されることになるが，Bが援用していないと，AとBとの関係において債権は消滅せず，なおAはBに対して債務の履行を請求することができるのである。

4　時効利益の放棄

(1) 時効利益の放棄の意義

時効の利益の放棄とは，時効の利益を受ける者が時効の援用をしない旨の意思表示をすることである。民法146条は「時効の利益は，あらかじめ放棄することができない」と規定する。これを反対解釈すると，時効が完成した後であれば時効利益の放棄は可能であるということになる。なぜ，時効完成前の放棄は認められないのだろうか。それは，通常お金を借りる側の立場は弱いため，債権者から時効の利益の放棄を迫られるおそれがあるからである。

(2) 時効援用権の喪失

時効が完成しているにもかかわらず，債務者が債務の弁済の猶予を申し出

たり，債務の一部の弁済などの自認行為（消滅時効完成後の債務の承認）を行った場合（債務者が時効完成を知らずにしてしまうことが多い），その債務者はもはや時効の援用を行うことはできないのであろうか。判例は，債務者がたとえ時効完成を知らなかったとしても，そのような承認をした債務者が改めて時効を援用することは，信義則に照らして許されないとして，時効の援用を制限した（最大判昭41・4・20民集20巻4号702頁）。

(3) 時効利益の放棄の効果

時効利益の放棄，時効援用権の喪失があると時効の援用はできなくなる。しかし，放棄の時点から再び時効は進行するので，時効が再び完成すれば，時効を援用することが可能となる（最判昭45・5・21民集24巻5号393頁）。

時効利益の放棄の効果は相対効である。例えば，AがBに対して債権を有している事例において，Bが時効の利益を放棄しり，援用権を喪失しても保証人や物上保証人などの援用権は失われない。

5　時効完成の障害

時効が完成前に進行している状態で，債権者の権利行使の意思を明らかにする一定の行為があることによって時効の完成が猶予されたり，時効期間が更新されたりすることがある。これらを**時効完成の障害**とよぶ。旧民法においては，時効完成の障害事由は，「時効の中断」と「時効の停止」の2種類だったが，2017年改正民法では**「時効の更新」**，**「時効の完成猶予」**に改められた。

(1) 時効完成の猶予

一定の事由が生じた場合に，進行中の時効の完成が妨げられることを時効の完成猶予という。時効の完成猶予が生じる事由として，民法は，裁判上の請求等（147条），強制執行等（148条），仮差押え等（149条），催告（150条），

協議を行う旨の合意（151条）などを規定している。ここで，注意すべきは条文の構造である。裁判上の請求等や強制執行等の場合には，それらが時効完成猶予事由であると同時に，その時効完成猶予事由の終了が時効更新事由となっている。他方で，仮差押え，催告，協議を行う旨の合意は時効完成猶予事由となるのみであり，時効完成猶予事由の終了が更新事由とはなっていない。また，承認（152条）は時効更新事由のみとなっている。基本的な考え方は，権利者の権利行使の意思が明らかにされたと認められる事由があったときには，時効完成が猶予され，権利の存在が確定される事由があれば更新されるというものであり，権利の確定や満足が図られる手続きではない仮差押え，仮処分，催告などについては時効完成猶予のみが認められることになる。

(2) 時効完成猶予事由

i 裁判上の請求等 民法147条は，①裁判上の請求（1項1号），②支払督促（1項2号），③民事訴訟法275条1項の和解，民事調停法もしくは家事事件手続法による調停（1項3号），④破産手続参加，再生手続参加，更生手続参加（1項4号）を時効の完成猶予事由としている。以下では特に①が重要であるので，①について説明する。

①裁判上の請求とは，訴えの提起（民事訴訟法133条1項参照）のことである。裁判上の請求がなされると，訴訟が終了するまでの間，時効の完成が猶予される（147条1項）。また，訴えの却下，訴えの取下げなどにより「確定判決又は確定判決と同一の効力を有するものによって権利が確定することなくその事由が終了した場合」，手続き終了後6か月を経過するまで時効は完成しない。「確定判決又は確定判決と同一の効力を有するものによって権利が確定したとき」は新たにその進行を始める（時効が更新される）ことになる（同条2項）。

ii 強制執行等 強制執行とは，勝訴判決を得たり，相手方との間で裁判上の和解が成立したにもかかわらず，相手方が義務の履行をしない場合に，

判決などの債務名義（請求権の存在，範囲，債権者，債務者を表示した公の文書）を得た者（債権者）の申立てに基づいて，相手方（債務者）に対する請求権を裁判所が強制的に実現する手続である。民法148条は，①強制執行，②担保権の実行，③民事執行法第195条に規定する担保権の実行としての競売の例による競売，④民事執行法第196条に規定する財産開示手続を時効完成猶予事由，時効更新事由として規定している。①〜④の事由が終了するまでは，時効の完成が猶予され，①〜④の事由が終了した時に新たにその進行を始める（時効が更新される）。

iii　仮差押え等　　仮差押え（149条1号），仮処分（同条2号）は時効の完成猶予事由であり，その事由が終了した時から6か月経過するまでの間，時効は完成しない。

iv　催告　　催告とは，裁判外で請求を行うことである。催告があったときは，その時から6か月を経過するまでの間は，時効は完成しない（150条1項）。また，催告によって時効の完成が猶予されている間に再度催告をしても時効完成猶予の効力は認められない（150条2項）。

v　協議を行う旨の合意　　民法改正以前は，当事者が協議をしている途中で時効の完成時期が近づいた場合には，時効の完成を阻止するために裁判上の請求を行う必要があった。しかし，協議を継続しているにもかかわらず裁判上の請求を行わなければいけないとなると協議による自発的な解決を阻害することになってしまう。そこで，2017年改正民法では，当事者間で権利についての協議を行う旨の合意が書面でされた場合には，時効完成猶予が認められることになった。「その合意があった時から1年を経過した時」（150条1項1号），「その合意において当事者が協議を行う期間（1年に満たないものに限る。）を定めたときは，その期間を経過した時」（同項2号），「当事者の一方から相手方に対して協議の続行を拒絶する旨の通知が書面でされたときは，その通知の時」から6か月を経過した時（同項3号）のいずれか早い時までの間時効完成猶予の効力が認められることになる（151条1項柱書）。

151条1項に規定されている協議を行う旨の書面による合意により，時効

の完成が猶予されている間に，改めて合意を行うことは可能であるが，その効力は，時効の完成が猶予されなかったとすれば時効が完成すべき時から通じて5年を超えることができない（151条2項）。

催告による時効の完成猶予期間中になされた協議を行う旨の合意については時効完成の効力がない（151条3項）。なお，151条1項の協議を行う旨の合意および，同1項3号の通知は書面によらなければならないが，電磁的記録によるものでもよい（151条4項・5項）。

vi　その他の時効完成猶予事由　　上記以外の時効完成猶予事由としては，人的障害と天災等による外的障害などがある。人的障害は，未成年者・成年被後見人に関するものであり，時効期間の満了が迫る中で，法定代理人がいないことにより時効の更新手続きができないことへの救済である。時効の期間の満了前6か月以内の間に，未成年者または成年被後見人に法定代理人がいないときは，その未成年者もしくは成年被後見人が行為能力者となった時または法定代理人が就職した時から6か月を経過するまでの間は，その未成年者または成年被後見人に対して，時効は完成しない（158条1項）。

天災等による外的障害は，天災等が生じた際に，時効の更新手続きができない場合の救済である。時効の期間の満了の時に当たり，天災その他避けることのできない事変のため時効の更新事由に関する手続を行うことができないときは，その障害が消滅した時から3か月を経過するまでの間は，時効は完成しない（161条）。

上記の人的障害，災害等による障害以外の時効完成猶予事由としては以下のものがある。夫婦間の権利は，婚姻解消の時から6か月を経過するまでは時効の完成が猶予される（159条）。相続財産に関しては，相続人が確定した時などから6か月間時効の完成が猶予される（160条）。

(3)　時効の更新

時効の更新とは，時効が一から新たな進行をはじめることである。民法改正以前は「中断」と呼ばれていたが，2017年改正民法では「更新」に改めら

れた。既に(2)でも説明したが、民法の更新事由としては、裁判上の請求、強制執行等、承認がある。

i 裁判上の請求等　裁判上の請求の場合、「確定判決又は確定判決と同一の効力を有するものによって権利が確定したとき」は、時効はそれらの事由が終了した時から新たにその進行を始める（147条2項）。なお、支払督促（同項2号）の場合は、支払い督促の確定、和解・調停（同項3号）の場合は、和解・調停の成立、破産手続参加、再生手続参加、更生手続参加（同項4号）の場合は権利が確定し手続きが終了した時がこれに当たる。

ii 強制執行等　強制執行等を行ったものの権利の満足に至らない場合（例えば、強制執行をしたが債権の回収ができなかった場合）、手続きが終了した時から時効は新たにその進行を始める（148条2項本文）。ただし、申立ての取下げまたは法律の規定に従わないことによる取消しによってその事由が終了した場合には、更新の効力は生じない。

iii 承認　権利の承認とは債務者が債権者に対して債務の存在を認めることであり、支払猶予を求めること、債務の一部弁済、利息の一部弁済などがこれに当たる。権利の承認を行った時から時効は新たに進行を始める（152条1項）。また、「承認をするには、相手方の権利についての処分につき行為能力の制限を受けていないこと又は権限があることを要しない」（152条2項）。例えば、承認を行ったのが被保佐人で、処分内容が保佐人の同意を必要とする行為であり、保佐人の同意を得ていなくても承認が認められるということである。

(4)　時効の完成猶予・更新の効力が及ぶ者の範囲

　時効の完成猶予また更新は、完成猶予または更新の事由が生じた当事者およびその承継人の間においてのみ、その効力を生じる（153条）。時効完成猶予および更新の効果は**相対効**である。ここでいう当事者とは、時効完成の猶予、更新事由となる行為をした者とその相手方であり、承継人とは時効の対象となっている権利を譲り受けた者や相続人（包括承継人）のことである。

表1　時効完成の障害

条文	時効障害事由	完成猶予期間	更新の時
147条	裁判上の請求，支払督促和解，調停破産手続参加，再生手続参加更生手続参加	その事由の終了まで。ただし確定判決又は確定判決と同一の効力を有するものによって権利が確定することなくその事由が終了した場合にあっては，その終了の時から6か月を経過するまで	確定判決または確定判決と同一の効力を有するものによって権利が確定したとき
148条	強制執行担保権の実行形式的競売財産開示手続	その事由の終了まで。ただし申立ての取下げ又は法律の規定に従わないことによる取消しによってその事由が終了した場合にあっては，その終了の時から6か月を経過するまで	その事由が終了した時。ただし，申立ての取下げまたは法律の規定に従わないことによる取消しによってその事由が終了した場合は除く
149条	仮差押え，仮処分	その事由が終了した時から6か月を経過するまでの間	
150条	催告	催告の時から6か月を経過するまでの間	
151条	協議を行う旨の合意	その合意があった時から1年を経過した時，当事者が定めた1年未満の協議機関または，当事者の一方による協議続行の拒絶の時から6か月のいずれか早い時まで	
152条	承認		承認の時

148条1項各号（強制執行・担保権の実行・競売など）または149条各号（仮差押え・仮処分）に掲げる事由に関する手続は、時効の利益を受ける者に対してしないときは、その者に通知をした後でなければ、148条または149条の規定による時効の完成猶予または更新の効力を生じない（154条）。

第2節　取得時効

1　取得時効の意義

取得時効とは、法律で定められた要件を充たしたうえで、他人の物の占有を一定期間継続することで本権（占有を正当化する権利）を取得することができる制度である。例えば、AがB所有の甲土地を自分の土地だと（過失なく）思い込んで、10年間その土地上に建物を建てて住んでいたとする。その後、本来の所有者Bから甲土地の返還請求があったとしても、Aは取得時効によって甲土地の所有権の取得をBに対して主張することができるのである。民法は、取得時効の成立要件を所有権と所有権以外の財産権に分けて規定している（162条・163条）。所有権以外の財産権には、地上権（265条）、永小作権（270条）、地役権（280条）などの用益物権や、不動産賃借権などが含まれる。実際には、土地の賃借権に関する事例が多い。

2　所有権の取得時効

前述のように、民法は所有権の取得時効（162条）と所有権以外の財産権の取得時効（163条）を分けて規定している。それゆえに、以下では、まず所有権の取得時効の要件についてみていくことにする。

民法162条は1項において、<u>20年間の占有</u>を継続することにより所有権を取得できる要件として、①20年間の占有、②**「所有の意思」**をもった占有、③「平穏かつ公然」な占有、④「他人の物」の占有を挙げる。2項では、<u>10</u>

年間の占有の継続で所有権を取得できる要件として，①10年間の占有と，上記の②③④に加えて，⑤占有開始時に占有者が善意かつ無過失であったことを挙げる。

(1) 所有の意思

i　所有の意思の有無の判定　　所有の意思のある占有を**自主占有**，所有の意思のない占有を**他主占有**という。取得時効が成立するためには，自主占有でなければならない。**所有の意思**とは，所有者と同じように物を排他的に支配しようとする意思のことである。それでは，Ａが現在借りているマンションの部屋を「この部屋を所有しよう」という意思をもって占有を継続すれば，取得時効は成立するのだろうか。結論をいえば，取得時効は成立しない。所有の意思の有無は，占有者が内心でどう思ったかではなく，占有者がその物の占有を開始した原因（権原）たる事実によって外形的，客観的に決まる（最判昭45・6・18判時600号83頁，最判昭58・3・24民集37巻2号131頁）。それゆえに，上記の例ではＡの占有は賃貸借契約を権原としており，これは他人の所有権を前提にした契約に基づいているわけであるから，所有の意思のない他主占有と判断されることになる。贈与や売買など所有権を譲渡されることを目的とした契約に基づいて占有を開始した場合には自主占有となる。

ii　所有の意思の推定　　取得時効が成立するためには，所有の意思のある自主占有でなければならないが，所有の意思は推定される（186条1項）。それゆえに，占有者の占有が他主占有であることを主張する者が占有者に所有の意思がないことを証明しなければならないことになる。そのためには，占有者の占有取得が所有の意思がないとされる権原に基づくものであることを証明するか，または，占有者が所有者であれば通常はとらない態度を示すなど，「外形的客観的にみて占有者が他人の所有権を排斥して占有する意思を有していなかったものと解される事情」を証明しなければならない（前掲最判昭58・3・24）。

(2) 平穏かつ公然な占有

　所得時効が成立するためには，その占有が「平穏かつ公然」でなければならない。社会秩序をかく乱するような占有は，法的保護を受けるに適さないからである。「平穏」とは占有が強迫や暴行（あわせて強暴と言う）によるものでないことであり，「公然」とは隠秘でないことである。所有の意思と同様に，占有が「平穏かつ公然」であることは，186条1項により推定される。それゆえに，当該占有が「平穏かつ公然」ではないと主張する者が，「平穏かつ公然」ではないことを証明しなければならない。

(3) 他人の物

　162条は，取得時効の対象を「他人の物」と規定している。ここで，「自己の物」を時効取得できるかが問題となる。なぜ，自分の物を時効取得しなければならいなのかと思うかもしれない。例えば，AがBから土地を購入したが，登記の移転も行われず，売買契約書も残っておらず，10年以上の年月が経過したところCがその土地は自分のものだと主張してきたとする。このように，時の経過にともなう証拠散逸によって所有権取得の証明が困難になることがある。売買契約書や，登記がないことによりBからの所有権の取得は証明できないが，取得時効による権利取得をCに対して主張することが考えられ，判例はこれを認めている（最判昭42・7・21民集21巻6号1643頁）。

> **【コラム：公物の時効取得】**
>
> 　公共の道路・公園・河川などの公物の時効による取得はみとめられるのだろうか。判例は，かつてこれを否定していた（大判大10・2・1民録27輯160頁）。しかし，のちにこれを変更し，水路の敷地の時効取得が問題となった事例で，公共用財産としての形態，機能を全く喪失し，もはやその物を公共用財産として維持すべき理由がなくなった場合には，黙示的に公用が廃止されたものとして，取得時効の対象になりうるとしている（最判昭51・12・24民集30巻11号

1104頁）。

⑷ 善意・無過失

10年間の取得時効の場合には，これまで挙げてきた要件に加えて，占有開始のときに善意かつ無過失であることが必要である。占有開始のときに善意・無過失であればよく，のちに悪意になったとしても取得時効は認められる（大判明44・4・7民録17輯187頁）。

善意とは，占有をしている物が自分の所有物であることを知らないことであるが，ただ知らなかっただけでは足りず，無過失，すなわち，知らなかったことについて過失がないことが要求される。186条1項により，占有者の善意は推定されるが，無過失は推定されない。それゆえに，占有者は自らが無過失であることを証明しなければならない。

3　所有権以外の権利の取得

163条は，所有権以外の財産権を時効取得することができると規定している。所有権以外の財産権には，地上権（265条），永小作権（270条），地役権（280条）などの用益物権や，不動産賃借権などが含まれる。要件については，所有権以外の財産権の場合には，占有者の所有の意思は問題とならないが，その他の要件は同じである。

4　取得時効の効果

取得時効の効果として，占有者は，所有権の取得時効にあっては所有権を，その他の権利の取得時効にあっては，それぞれの権利を取得する。取得時効の完成による権利取得は，**原始取得**であると解されている。原始取得とは，他人から権利を引き継がず，自分が他人とは無関係に独立して権利を取得す

ることである。取得時効の効果が原始取得であることにより，例えば抵当権の設定された不動産について所有権の取得時効が完成すると，占有者は抵当権の負担のない完全な所有権を取得し，抵当権は消滅することになる。

　時効の効果は，その起算日にまでさかのぼって発生する（144条）。これを**時効の遡及効**と言う。取得時効の起算点は占有を開始した時であるから，その時にまでさかのぼって権利を原始取得することになる。その結果，時効期間中に生じた果実は，元物を時効取得した者に帰属し，時効期間中に時効による権利取得者がした目的物の処分行為（賃貸借など）は有効になる。また，時効期間中の権利侵害によって発生した損害賠償請求権（709条）は，時効による権利取得者に帰属する。

第3節　消滅時効

1　消滅時効の意義

　消滅時効とは，権利不行使の状態が一定期間継続したときに権利消滅の効果を認める制度である。例えば，AがBに対して金銭を貸し付けたが，その後，Aが貸金債権の請求を10年間行わないと，AのBに対する債権はBが消滅時効の成立を主張することによって消滅する。

　消滅時効の対象となる権利は，「債権」および「債権又は所有権以外の財産権」であり，後者は，地上権，永小作権，地役権などの物権である。所有権は，消滅時効の対象とならない。また，所有権から派生する物権的請求権や，登記請求権も消滅時効にかからない。

2　消滅時効の要件

　消滅時効の要件は，債権者の権利不行使と時効期間の経過である。とりわけ，時効期間の経過とその起算点が重要である。

(1) 時効期間の経過と起算点

i　債権　債権に関する時効期間の経過と起算点について，166条1項は，①債権者が権利を行使できることを知った時（主観的起算点）から**5年間**行使しないとき（1号），②権利を行使することができる時（客観的起算点）から**10年間**行使しないとき（2号）と二重の基準を設けている。権利を行使することができる時とは，当事者が権利を行使することに障害がないことを意味する。例えば，4月1日までに引き渡すというようにいつ期限が到来するかがはっきりと分かっている場合（**確定期限**）には，その期限が到来した時である。通常，契約を締結する場合には，当事者が確定期限を知らないということはありえない。他方，到来することは確実だが，いつ到来するか期日の確定していない期限である，**不確定期限**付きの債権の場合には，債権者が履行期の到来を知らないことがありうる。①だけでは，債権者が履行期の到来を知らないと，いつまでも時効が進行しないことになる。そこで，①の基準に加えて②の基準が設けられているのである。

ii　債権以外の財産権　債権以外の財産権については，権利を行使することができる時から，**20年間**行使しないときは時効によって消滅する（166条2項）。

iii　人の生命または身体の侵害による損害賠償請求権　人の生命または身体の侵害による損害賠償請求権については，不法行為を根拠とするものであれ，債務不履行を根拠とするものであれ，債権者が権利を行使できることを知った時（主観的起算点）から**5年間**，②権利を行使することができる時（客観的起算点）から**20年間**となる（724条）。不法行為の場合には，724条1項が消滅時効につき「不法行為による損害賠償の請求権は，被害者又はその法定代理人が損害及び加害者を知った時から3年間行使しないとき」と規定しているところ，3年から5年に伸長され（724条の2），債務不履行の場合は，166条により権利を行使することができる時（客観的起算点）から10年間と規定されているところ，10年から20年に伸長されることになる（167条）。

iv　定期金債権　定期的に一定の一定額の金銭の給付を目的とする債権を

定期金債権という。168条1項によれば，定期金債権は，債権者が定期金の債権から生ずる金銭その他の物の給付を目的とする各債権を行使することができることを知った時から10年間行使しないとき（1号），前号（1号）に規定する各債権を行使することができる時から20年間行使しないときは時効により消滅する（2号）。

v　判決で確定した権利　　確定判決または確定判決と同一の効力を有するものによって確定した権利については，10年より短い時効期間の定めがあるものであっても，その時効期間は，10年となる（169条）。

発　展　問　題　＞＞＞

テーマ　他主占有から自主占有への転換

　祖父が所有している土地と建物をYの父Aが占有していた。Yは，てっきりAが祖父から当該土地と建物を譲り受けていると思っていたが，実際には管理を頼まれているにすぎなかった。後にAが死亡し，その土地と建物はYが占有するようになった（この時点で，Yは自分のものになったと思っている）。その後，祖父も死亡した。Yは20年以上，土地と建物を占有し続け，その間は固定資産税も納付していた。ある日突然，X（叔母，Aの妹）が現れ，当該不動産は祖父のものであったから，自分も相続する権利があると主張した。Yは当該不動産を20年以上占有したのであるから時効取得していると主張したが，Xはもともと管理を依頼しただけで，Yの占有は他主占有であり，時効取得は成立しないと反論した。Yの占有は自主占有といえるのだろうか。

　占有が他主占有から自主占有に変更する場合として，①占有者が自己に占

有をさせた者に対して所有の意思があることを表示する場合と，②新たな権原によってさらに所有の意思をもって占有を始める場合の2つがある（185条）。①については，文字通りであるが，②はどのような意味であろうか。例えば，BがAから賃貸借契約によりA所有の家屋を賃借していたとする。この時点ではBの占有は他主占有である。その後，BがAから当該家屋を売買契約により買い取った場合，売買契約による所有権取得という「新たな権原により更に所有の意思をもって占有を始め」たといえるため，Bの占有は自主占有に転換される。

　それでは，相続の場合はどうだろうか。本件のように他主占有を相続した場合においては，判例は相続人が「新たに当該不動産を事実上支配することによって占有を開始した場合において，その占有が所有の意思に基づくものであるとき」は，相続人は独自の占有に基づく取得時効を主張することができるとしている（最判平8・11・12民集50巻10号2591頁）。それゆえに，本件においてAから本件土地・建物の占有を承継し，それらが自らの物であると思って20年以上占有してきたYは，「新たな権原により占有を始めた」と言えるため，所有の意思があれば本件土地建物を時効取得したとAに対して主張しうる。ただし，この場合には，所有の意思の推定（186条）が働かず，「占有者である当該相続人において，その事実的支配が外形的客観的にみて独自の所有の意思に基づくものと解される事情を自ら証明」しなければならないため，所有の意思を有していたことの証明に成功しなければならない。

第11章　民法に共通する一般原則

> 基　本　事　項

第1節　民法の基本原則

　日本の民法は，1804年に編纂されたフランス民法典に代表される近代ヨーロッパ大陸民法典の流れを汲むものである。近代ヨーロッパ大陸民法典は，個人の自由，平等，所有権の不可侵等を諸原則としており，日本の民法典も当然，それらを基本原則として編纂された。近代民法の基本原則としては，①権利能力平等の原則，②私的自治の原則，③所有権の絶対の原則，④過失責任主義などが挙げられる。

1　権利能力平等の原則

　国籍・階級・職業・性別などにかかわらず，すべての人は等しく権利義務

の帰属主体となる資格（権利能力）を有するという原則である。民法は3条1項で「私権の享有は，出生に始まる」と規定している。つまり，人はだれでも出生した以上は平等に権利能力が認められることを意味している。なお，外国人については一部制限がある（3条2項）。

2 私的自治の原則

(1) 私的自治の原則の意義

民法においては個人の「意思」が最も重要であると考えられている。それゆえに，個人は，自分のかかわる私法関係，すなわち私的な権利・義務関係を，その意思によって自由に決定し規律することが最も妥当であるとする原則が確立している。これを**私的自治の原則**（または意思自治の原則）とよぶ。そこから，遺言の自由，結社の自由等が導き出されるが，最も重要なのが**契約自由の原則**である。契約自由の原則は，①契約締結の自由，②相手方選択の自由，③契約内容の自由，④契約方法の自由に分類されるが，①については，2017年民法改正において521条1項で，③については同条2項，④については522条2項で新たに明示されることとなった。

(2) 契約自由の原則の修正

契約自由の原則は，契約の主体が常に平等であるということを前提としている。しかし，実際には，家を貸す者と借りる者，雇用者と被用者など社会的関係が対等ではなく，契約自由の原則を貫徹すると不都合が生じる場合がある。そこで，借地借家法，労働基準法などの特別法が制定され，契約自由の原則を修正している。

3 所有権の絶対の原則

所有権は，物権のなかで最も重要であり，目的物を直接支配し，自由に使

用・収益・処分することができる権利である。そのような所有権は，なんら人為的な拘束を受けず，それを侵害するすべての者に対して主張することができる。これを**所有権の絶対の原則**という。

4　過失責任主義

　行為者に故意・過失など責めに帰すべき事由がない限りはその行為によって生じた損害についての賠償責任を負う必要がないという原則である。当該原則により，人や企業は自由な経済活動が保障され，結果的に資本主義経済の発展にも寄与することになった。しかし，公害事件や自動車事故，製造物の欠陥によって生じた事故など，被害者の側で加害者側の過失を証明することが困難な分野では，特別法が制定され**無過失責任**が採用されており，加害者に過失がなくても被害者は賠償を得ることができる。

第2節　私権行使の基本原則

　民法1条は，権利の行使にあたって社会性，公共性を重視すべき旨を宣言している。フランス人権宣言では，所有権の絶対性，不可侵性が宣言されたが，そのような財産権を中心とした権利の絶対性の理念は，産業の興隆に伴い公害などを例とする数々の弊害をもたらすこととなり，その反省から私権の行使には，ある程度の制約が設けられるべきであると考えられた。憲法12条は「この憲法が国民に保障する自由及び権利は，国民の不断の努力によって，これを保持しなければならない。又，国民は，これを濫用してはならないのであつて，常に公共の福祉のためにこれを利用する責任を負ふ」としているが，これが，民法1条1項，3項に反映されているのである。

　民法1条は，1項で**公共の福祉**，2項で**信義誠実の原則**，3項で**権利濫用の禁止**についてそれぞれ規定している。上記の諸原則は，私権自体を具体的に規定するものではなく，抽象的な価値基準として規定されており，このよ

うな規定を**一般条項**という。1条以外にも公序良俗に関する規定である90条もこれに当たる。

1 公共の福祉

民法1条1項は「私権は，公共の福祉に適合しなければならない」と規定している。**公共の福祉**とは，社会全体の共通利益のことであり，私権がそれに適合しなければならないということは，私権の内容それ自体や，私権の行使にあたっては，社会全体の利益と調和が保たれなければならないということを意味している。ただし，社会全体の利益が個人の権利に優先するという意味ではないので注意してほしい。私権の内容や行使が公共の福祉に反する場合には，その効力が無効とされる。実際には，本原則により具体的な事件が解決されることはほとんどない。

2 信義誠実の原則

民法1条2項は「権利の行使及び義務の履行は，信義に従い誠実に行わなければならない」と規定している。これを**信義誠実の原則**，もしくは，略して**信義則**ともよばれる。人は私的取引関係において，他人の信頼や期待にこたえて，信義に従い誠実に行動しなければならないという原則である。信義則の機能としては，①一般的な文言で規定された抽象的な法規範を具体化し，あるいはその不備を補充する機能，②人間として普遍的に承認されている倫理的価値を持ち込んで正義・公平（衡平）を実現する機能，③制定法の適用が，社会の進展によって妥当でなくなった場合に，制定法を修正する機能などがある。

3 権利濫用の禁止

民法1条3項は「権利の濫用は、これを許さない」と規定する。権利の濫用とは、形式的には権利者による権利の行使であっても、実質上はその具体的事案における権利の行使の方法が社会性に反して権利の行使として許されない場合をいう。

権利が絶対視されていた時代においては、「自己の権利を行使する者は何者も害せず（Neminem laedit qui suo jure utitur.）」という法諺が表しているように、権利を行使している以上は適法であり、それにより損害が生じたとしても賠償責任は生じないと考えられていた。しかし、産業の興隆により公害などの様々な弊害が生じると、私権行使の自由の行き過ぎに対する修正原理が必要となり、導入されるに至ったのが権利濫用の禁止の法理であった。

それでは、どのような場合に権利濫用となるのだろうか。権利行使が濫用に当たるかどうかは、権利を行使する者の加害意図や加害目的などの主観的要因と、権利を行使することにより権利者がどのような利益を得、また他者がどのような不利益を被るかかという客観的要因とを総合して判断されることになる（大判昭10・10・5民集14巻1965頁）。

【コラム：信玄公旗掛松事件と宇奈月温泉事件】

権利の濫用の法理が適用された代表的な例を紹介しておこう。信玄公旗掛松事件（大判大8・3・3民録25輯356頁）は、戦国時代の名将武田信玄が旗を掛けたとされる由緒ある松の木が機関車の煤煙により枯死したことにより、松の所有者が鉄道院に損害賠償を請求した事件において、権利の行使が社会通念上被害者において許容すべきものと一般に認められる程度を超えたときは、権利行使の適当な範囲とはいえず、不法行為（709条）が成立するとした。今では問題なく不法行為責任が生じると思われるが、この当時は、権利の行使は不法行為を生じさせないとの考えがまだ残っており、鉄道院による鉄道の運行という権利行使により不法行為が成立するかが問題となったのである。

宇奈月温泉事件（大判昭10・10・5民集14巻1965頁）は、Yの引湯管がA所有

の土地を僅かに通って敷設されていることに気が付いた X がその土地を買い取り，Y に対して所有権に基づき引湯管の撤去を請求した事件で，X の被害は僅かであるのに対して，Y の引湯管の撤去は著しく困難であり，費用も莫大であることから X の請求は権利濫用に当たるとして，X の請求を認めなかった。

第12章　答案の書き方

第1節　はじめに

　法律系の講義における定期試験では，しばしば，ある一定の事案について，どのような法律上の解決をすべきかを問う問題が出題されることがある。そして，実は，こうした問題について答案を書く際には，ある一定のスタイルが存在する。

　定期試験が近づくと「どうやって答案を書いたらいいかわからない」といった質問を受けることが多いが，そこには①そもそも論点が理解できていないという場合と（これについては本書でもう1度しっかり勉強してほしい），②どういう「書き方」をしたらいいかわからない，という場合があるが，本章では特に後者について解説することにしよう。

第2節　判決文の構造

　ある事件が発生し，それに対して法律上の解決を示す文章といってまず思い浮かぶのは「判決文」である。そこでまず，判決文がどういう構造をして

いるのか見ておくことにしたい。というのも，判決文の構造を知ることと「答案の書き方」を学ぶことは大いに関係しているからである。

　では早速，判決文を見てみよう。以下に紹介するのは，**第2章【発展問題】テーマ2**で学んだ，制限行為能力者の詐術に関する最高裁判決（最判昭44・2・13民集23巻2号291頁）である。古い判例なので，少し硬い言葉が使われているが，ぜひ読んでみてほしい。

主文
　本件上告を棄却する。
　上告費用は上告人らの負担とする。
理由
　上告人A代理人納富義光の上告理由について。

問題提起
　所論は，無能力者が，相手方の誤信を改めないのみならず，誤信の継続をよいことにしてその誤信を利用した場合は，詐術に当たる旨，および原審が詐術を認めなかったのは経験則違反，審理不尽の違法がある旨を主張する。

規範定立
　思うに，民法二〇条にいう「詐術ヲ用ヰタルトキ」とは，無能力者が能力者であることを誤信させるために，相手方に対し積極的術策を用いた場合にかぎるものではなく，無能力者が，ふつうに人を欺くに足りる言動を用いて相手方の誤信を誘起し，または誤信を強めた場合をも包含すると解すべきである。したがって，無能力者であることを黙秘していた場合でも，それが，無能力者の他の言動などと相俟つて，相手方を誤信させ，または誤信を強めたものと認められるときは，なお詐術に当たるというべきであるが，単に無能力者であることを黙秘していたことの一事をもって，右にい

	う詐術に当たるとするのは相当ではない。
あてはめ	これを本件についてみるに，原判示によれば，Bは，所論のように，その所有にかかる農地に抵当権を設定して金員を借り受け，ついで，利息を支払わなかったところから，本件土地の売買をするにいたったのであり，同人は，その間終始自己が準禁治産者であることを黙秘していたというのであるが，原審の認定した右売買にいたるまでの経緯に照らせば，右黙秘の事実は，詐術に当たらないというべきである。それ故，Bが，本件売買契約に当たり，自己が能力者であることを信ぜしめるため詐術を用いたものと認めることはできないとした原審の認定判断は，相当として是認できる。
結論	論旨は，ひっきょう，独自の見解を前提として原判決を攻撃するか，原審の適法にした証拠の取捨判断，事実の認定を非難するに帰し，採用することができない。

　判決文は，まず，主文と理由からなっている。そのうち，特に答案の書き方の参考になるのは，理由の部分についてである。

　理由の部分は，４つのパートから成り立っている。まず，本件で問題となっている争点を示す部分である（「問題提起」という）。ここでは，制限行為能力者（当時は無能力者と呼んでいた）が積極的に騙したわけではないが，相手の誤信を利用したことが，民法20条（現21条）の詐術に当たるかが問題とされている。

　次に，その問題を解決するための規範，すなわち判断基準やルールを示す部分である（「規範定立」という）。ここでは，民法20条（現21条）にいう「詐術」とは，①積極的な術策を用いた場合だけではなく，制限行為能力者であることを黙秘していた場合でも，その他の事情を考慮した結果，詐術となりうること，ただし単なる沈黙は詐術にはならないことが示されている。

そして，この判断基準に従い，本件の制限行為能力者の行為が「詐術」に当たるか否かを判断する部分が「あてはめ」である。本件では，制限行為能力者は単に，自分が行為能力を制限されていることを沈黙していたにすぎない以上，詐術に当たらないとされた。

最後に，その結果，上告人の主張は採用できないという「結論」が示されている。

第3節　答案の書き方

では，上で見た判決文の構成を参考に，実際に事例問題を使って答案の書き方を勉強してみよう。

> **問題**
>
> 　Aは，ある人から土地「甲」を購入した。その際，「自分が死んだら土地「甲」はどうせ息子Bのものになるのだから，登記名義を最初からBにしておこう」と考え，B名義の登記をした。ところが，これに気が付いたBは遊ぶ金欲しさに本件登記を利用して善意・無過失Cの土地を売却してしまい，登記も移転した。AはCに対して，自己の所有権に基づき登記の抹消を請求できるか。

1　問題提起

はじめに，本問における法律上の論点はどこにあるのかを示す必要がある。

Aはある人から，「甲」を買ったことから，その段階でAに所有権がある。その後，登記をB名義としているが，AはBに土地をただであげるなど，Bに所有権が移転するような行為を何もしていない。つまり，Bには所有権が移転していない。そうだとすると，当然Cも所有権を取得していないということになる。したがって，AはCに自己の所有権を主張しうるのが原則

である。

　しかし，他方で，CはBが示した虚偽の外観を信頼して取引に入っていること，また，その虚偽の外観を作出したのは，Aであることから，こうした善意の第三者であるCを保護する手段を検討すべきである。

　どのような文章で上記の論点を示すかについては，各自工夫してほしいところであるが（上記は解説も含んでいるため問題提起としてはやや長い），ここで必要なのは，ここで検討すべき法律上の論点の提示である。上記問題を丸写しして問題提起としている答案をしばしば見かけるが，それは問題提起としてはあまり意味をなしていない。

2　規範定立

　つぎに，どのようなルールに従ってCの保護を検討するべきか示す必要がある。

　虚偽の外観を信頼した第三者を保護するための規定としては94条2項が考えられる。そしてはじめに，①同条同項を直接適用できるかどうかを検討する。そして，それができない場合に，②類推適用の可能性を検討することとなるが，その際にはまず，どのような要件を充たせば類推適用できるかを示す必要がある（詳しくは本書**第6章**参照）。これができたら規範定立の完成である。

3　あてはめ

　続いて，あてはめである。本人（A）に帰責性はあるか，Bは善意といえるかどうかということを問題文の事案を参照しながら，あてはめを行うこととなる。例えば，「Aは自ら不実の登記を行っており，虚偽の外観作出につき帰責性が認められる」と。

4 結論

　最後に，はてはめを行った結果，すべての要件を充たしていると判断できるのであれば，「よって，ＡのＣに対する登記抹消請求は認められない」という結論になる。

　問題によっては，論点が複数存在する場合や，あてはめのところであまり書くことがない場合などもあるが，答案の基本構成は上記のとおりである。基本スタイルを守りながら，各自自身で工夫しつつ良い答案が書けるよう勉強に励んでほしい。

判 例 索 引

事 項 索 引

サ 行

著者紹介

堀川信一（ほりかわ・しんいち）　　第 1 章，第 5 章，第 6 章，第12章担当

【現職】大東文化大学法学部教授

【学歴】東洋大学法学部卒業，一橋大学大学院法学研究科博士後期課程修了・博士（法学）

【主要業績】

- ・「原因関係の無い振込みと振込依頼人の保護法理」『民事法の現代的課題──松本恒雄先生還暦記念』（商事法務，2012年）
- ・「法律行為に関する通則──公序良俗違反論を中心に」『民法改正案の検討第 2 巻』（成文堂，2013年）
- ・「保証契約の成否並びに民法446条 2 項における『書面』の解釈」『民事責任の法理──円谷峻先生古稀祝賀論文集』（成文堂，2015年）
- ・「日本法における錯誤論の展開とその課題（一）〜（六）完」大東法学25巻 1 号（2015年），同 2 号（2016年），26巻 2 号（2017年），27巻 2 号（2018年），28巻 2 号（2019年），29巻 2 号（2020年）

亀井隆太（かめい・りゅうた）　　第 2 章，第 3 章担当

【現職】横浜商科大学商学部商学科准教授

【学歴】早稲田大学商学部卒業，千葉大学大学院人文社会科学研究科博士課程修了・博士（法学）

【主要業績】

- ・「リサイクル法制度の課題」『リサイクルの法と実例』（三協法規出版，2019年）
- ・「アメリカ法律家協会・高齢化と法委員会『弁護士のための事前指示書カウンセリングガイド』について」千葉大学人文公共学研究論集38号（2019年）
- ・「ヨーロッパ・アメリカにおける成年後見制度」『認知症と民法』（勁草書房，2018年）
- ・「保証人の主債務者に対する求償権の消滅時効の中断事由がある場合であっても，共同保証人間の求償権について消滅時効の中断の効力は生じないとし

た事例」新・判例解説 Watch18号（法学セミナー増刊）（2016年）

松原孝明（まつばら・たかあき）　　**第4章，第10章，第11章**担当

【現職】大東文化大学法学部法律学科教授

【学歴】上智大学法学部法律学科卒業，上智大学大学院法学研究科博士後期課程
満期退学

【主要業績】

- ・『看護・医療を学ぶ人のためのよくわかる関係法規』（学研メディカル秀潤社，
2019年）
- ・「裁判例から見る身体拘束に関連する法的責任」『認知症 plus 退院支援』（日
本看護協会出版会，2019年）
- ・「医療過誤訴訟における期待権侵害構成と行為態様評価について」『医と法の
邂逅　第3巻』（尚学社，2018年）
- ・「違法性論と権利論の対立について　序論」上智法学論集59巻4号（2016年）

山口志保（やまぐち・しお）　　**第7章**担当

【現職】大東文化大学法学部法律学科教授

【学歴】東京都立大学法学部法律学科卒業，東京都立大学大学院博士後期課程満
期退学

【主要業績】

- ・「約款作成者不利の原則と消費者契約法」『日本の司法──現在と未来』（日
本評論社，2018年）
- ・「民法（債権法）改正──消費者法の視点から」法の科学47号（2016年）
- ・「第2章　消費者契約法」「第4章4．貸金業に対する規制法」「第8章4．製
造物責任法」『新・消費者法これだけは　第2版』（法律文化社，2015年）
- ・「約束的禁反言再考」『日本社会と市民法学──清水誠先生追悼論集』（日本
評論社，2013年）

萩原基裕（はぎわら・もとひろ）　　**第8章，第9章**担当

【現職】大東文化大学法学部法律学科准教授

【学歴】高崎経済大学経済学部経営学科卒業，明治大学大学院法学研究科民事法

学専攻博士後期課程修了・博士（法学）

【主要業績】
- 「代替物の引渡しによる追完と買主による使用利益返還の要否について」大東法学29巻1号（2019年）
- 「買主自身による追完と売主に対する費用賠償請求の可否をめぐる問題の検討」大東法学28巻2号（2019年）
- 「追完請求権の制度的意義」大東法学28巻1号（2018年）
- 「私法と行動規制——ドイツにおける規制と私法論を参考に」『現代私法規律の構造——伊藤進先生傘寿記念論文集』（第一法規，2017年）

民法入門Ⅰ 民法総則

2020年3月30日　初版第1刷発行

編著者ⓒ　松原　孝明
　　　　　堀川　信一

発行者　苧野　圭太
発行所　尚　学　社

〒113-0033 東京都文京区本郷1-25-7　電話（03）3818-8784　www.shogaku.com
ISBN978-4-86031-161-2　C1032

印刷・太平印刷社／製本・松島製本